Die Bulimie besiegen

campus concret
Band 7

Ulrike Schmidt und *Janet Treasure* arbeiten als Ärztinnen für Psychiatrie an einer der größten Kliniken für Eßstörungen, dem Maudsley Hospital in London, und am Institut für Psychiatrie der Universität London.
Janet Treasure ist die Nachfolgerin von Gerald Russell, der den Begriff der »Bulimia nervosa« 1979 prägte.

Ulrike Schmidt, Janet Treasure

Die Bulimie besiegen

Ein Selbsthilfe-Programm

Campus Verlag
Frankfurt/New York

Die Originalausgabe »Getting Better Bit(e) by Bit(e). A Survival Kit for Sufferers of Bulimia Nervosa and Binge Eating Disorders« erschien 1993 bei Lawrence Erlbaum Associates, Publishers in Hove, England.
Copyright © 1993 by Lawrence Erlbaum Associates Ltd.

Übersetzung und deutsche Bearbeitung im Rahmen des Bulimie-Projekts an der Fachhochschule Bielefeld unter der Leitung von Prof. Cornelia Thiels

Die Deutsche Bibliothek – CIP-Einheitsaufnahme

Schmidt, Ulrike:
Die Bulimie besiegen : ein Selbsthilfe-Programm / Ulrike Schmidt ; Janet Treasure. [Übers. und dt. Bearb. im Rahmen des Bulimie-Projekts an der Fachhochschule Bielefeld unter der Leitung von Cornelia Thiels]. – 3. Aufl., Frankfurt/Main ; New York : Campus Verlag, 1999
(Campus concret ; Bd. 7)
Einheitssacht.: Getting better bit(e) by bit(e) <dt.>
ISBN 3-593-35567-1
NE: Treasure, Janet:; GT

3. Auflage 1999

Das Werk einschließlich aller seiner Teile ist urheberrechtlich geschützt. Jede Verwertung ist ohne Zustimmung des Verlags unzulässig. Das gilt insbesondere für Vervielfältigungen, Übersetzungen, Mikroverfilmungen und die Einspeicherung und Verarbeitung in elektronischen Systemen.
Copyright © 1996. Alle deutschsprachigen Rechte bei Campus Verlag GmbH, Frankfurt/Main
Umschlaggestaltung: Guido Klütsch, Köln
Satz: Fotosatz L. Huhn, Maintal-Bischofsheim
Druck und Bindung: Media-Print, Paderborn
Gedruckt auf säurefreiem und chlorfrei gebleichtem Papier
Printed in Germany

Inhalt

Vorwort 9
Einleitung 13

1. Der Weg nach vorn 17
Wie Sie überprüfen können, ob Sie an Bulimie leiden . . 17
Der Umgang mit diesem Buch 20
Sind Sie bereit, die Reise anzutreten? Ziehen Sie Bilanz! 21
Zurück in die Zukunft 26
Der Entschluß, sich auf den Weg zu machen 29
Die Etappen Ihrer Reise 33

2. Hilfsmittel für die Reise 35
Das Ernährungstagebuch 35
Eine neue Problemlösungsstrategie zur Bewältigung
alter Schwierigkeiten 43

3. Diäten – ein Gesundheitsrisiko 50
Die Schönheit liegt im Auge der Betrachterin 50
Was ist Ihr gesundes Gewicht? 51
Diäten – wirkungslos und gefährlich 54
Was bedeutet eigentlich »normales Essen«? 58
Einen Anfang machen 59

4\. Eßanfälle – der Magen als unersättliches
schwarzes Loch 67

Warum man beim Essen die Kontrolle verlieren kann .. 69
Wie man Eßattacken vermeiden kann 70

5\. Erbrechen, Abführmittel und Entwässerungstabletten – essen, essen, essen und dann alles
rückgängig machen wollen? 79

Die tatsächlichen Wirkungen 79
Welche Gewichtskontrollmethoden wenden Sie an? .. 82
Wie Sie mit dem Erbrechen aufhören können 84
Wie Sie mit dem Mißbrauch von Abführmitteln, Entwässerungstabletten und anderen Medikamenten
aufhören können 88

6\. Sie können lernen, Ihren Körper zu mögen .. 91

Lernen Sie Ihren Körper kennen 93
Geben Sie Ihrem Körper, was er braucht 94
Entspannung und Meditation 95
Mit dem Körper leben, wie er ist 103

7\. Zu Ihrer Gesundheit gehört auch Bewegung . 106

Birgt Übergewicht gesundheitliche Risiken? 107
Das unerreichbare Ziel: Die Traumfigur 108
Bewegung 111
Wie Sie Ihre Lebensweise ändern können, um fitter
zu werden 114

8\. Rückfälle – drehen Sie sich im Kreise? 124

Planen Sie Ihren Rückfall! 124
Aus Rückfällen lernen 125
Haben Sie mehr »Sollte«- als »Möchte«-Aktivitäten? . 126

9. Die Wunden der Kindheit 129
Auswirkungen einer problematischen Kindheit 129
Sexueller Mißbrauch 132

10. Wenn Ihre Denkmuster Ihnen eine Falle stellen? 144
Fühlen Sie sich als »häßliches Entlein«? 144
Sehen Sie alles schwarz? 146
Werden Sie von Schuldgefühlen erdrückt? 147
Die Überanpassungsfalle 148
Die Diktatur der Kontrolle 151

11. Die eigene Stimme finden 160
Den eigenen Standpunkt behaupten 161
Selbstbehauptung in der Praxis 165

12. Selbstzerstörerische Verhaltensmuster 169
Schaden Sie sich mit Suchtmitteln? 169
Gibt Ihr Alkoholkonsum Anlaß zur Sorge? 172
Bringen Sie sich durch Ladendiebstahl in Schwierigkeiten? 177
Geben Sie zwanghaft Geld aus? 179

13. Das Beziehungsgeflecht – Eltern, Freunde, Partner, Kinder 182
Ihr Elternhaus 182
Freunde 185
Sexuelle Beziehungen 188
Kinder 192

14. Arbeiten, um zu leben – oder leben, um zu arbeiten? 195
Weitverbreitete Probleme mit der Arbeit 195
Ist Ihre Arbeit die richtige für Sie? 199
Arbeitssüchtige (Workaholics) 202

15. Das Ende der Reise? 205
Geben Sie sich nicht auf! 206
Genesung – eine Reise ins Ungewisse 207

Danksagung 208

Adresssen 209

Weiterführende Literatur 214

Register 217

Vorwort

Die Autorinnen der englischen Originalfassung dieses Buches arbeiten seit vielen Jahren in der Abteilung für Eßstörungen des weltberühmten Maudsley Hospitals und des Instituts für Psychiatrie der Universität London. Bis 1994 war Professor Gerald Russell Leiter sowohl des Instituts als auch der Krankenhausabteilung. Er hat 1979 erstmals die Bulimia nervosa als von der Magersucht zu unterscheidende Eßstörung beschrieben und ihr den nun seit Jahren international gebräuchlichen Namen gegeben. Janet Treasure ist seine Nachfolgerin als Leiterin der Abteilung für Eßstörungen am Maudsley Hospital.

In westlichen Industrieländern hat die Häufigkeit der Bulimia nervosa in den letzten Jahren deutlich zugenommen. Sorgfältige Untersuchungen lassen vermuten, daß etwa 1 % aller jungen Mädchen und jungen Frauen drei oder mehr Monate lang durchschnittlich mindestens zweimal pro Woche große Mengen Nahrung verschlingen und Gegenmaßnahmen gegen die daraus folgende Gewichtszunahme ergreifen. Dabei ist selbst herbeigeführtes Erbrechen die am häufigsten gewählte Methode. Der Mißbrauch von Abführmitteln und harntreibenden Medikamenten, exzessiver Sport und drastische Einschränkungen der Nahrungszufuhr kommen ebenfalls vor. Überbewertung von Gewicht und Figur quälen die Betroffenen. Zu den 1 % an diesem Vollbild der Bulimia nervosa Erkrankten kommen noch unzählige leichter Eßgestörte. Es mangelt aber an Therapeuten, die Bulimia nervosa-Kranke kompetent behandeln können.

Um diesem Notstand abzuhelfen, schrieben Ulrike Schmidt und Janet Treasure dieses Selbstbehandlungsbuch *Die Bulimie besiegen*. Es enthält alle Informationen, die Patienten und Patientinnen üblicherweise in therapeutischen Einzelsitzungen erfahren, wobei meist nach der bewährten kognitiven Verhaltenstherapie behandelt wird.

Mit der Eßstörungs-Forschungsgruppe am Institut für Psychiatrie der Universität London testeten die Autorinnen ihr Buch: Von 110 Patientinnen und Patienten mit Bulimia nervosa wurde die Hälfte mit 16 wöchentlichen Einzelsitzungen kognitiver Verhaltenstherapie behandelt. Der anderen Hälfte wurde empfohlen, während der achtwöchigen Wartezeit auf einen Behandlungsplatz mit diesem Selbstbehandlungsbuch zu arbeiten. Ein Fünftel von ihnen war damit so erfolgreich, daß keine weitere Behandlung nötig war (Treasure u. a., 1994). Ein Drittel der PatientInnen wurde mit nur acht Einzelsitzungen nach der Selbstbehandlung symptomfrei. Dies entspricht sowohl den Erfolgen mit 16 Stunden kognitiver Verhaltenstherapie in dieser als auch in anderen Studien. 18 Monate später waren bei der Nachuntersuchung sogar 40 % aller Patienten und Patientinnen symptomfrei, unabhängig davon, ob sie mit acht Sitzungen plus Buch oder 16 Sitzungen kognitiver Verhaltenstherapie behandelt worden waren (Treasure u.a., 1996).

Die Bulimie besiegen eignet sich nicht nur zur Selbstbehandlung, sondern auch als unterstützendes Instrument für Betroffene, die sich in Therapie befinden. In Bielefeld erhielten je 31 Patientinnen acht vierzehntägige Einzelsitzungen kognitiver Verhaltenstherapie plus das Selbstbehandlungsbuch oder 16 wöchentliche Sitzungen kognitiver Verhaltenstherapie. In beiden Gruppen wurden wesentliche Besserungen erzielt, wobei keine bedeutsamen Unterschiede zwischen den Gruppen bestanden. Dies trifft sowohl auf die Eßstörung zu als auch auf die begleitende Depression und Selbstwertproblematik, die bei Bulimia nervosa-Kranken häufig auftreten.

Die Bulimie besiegen eignet sich aber auch als Leitfaden für Therapeuten und Therapeutinnen. Und es empfiehlt sich auch für Angehörige oder Vertraute von Bulimia nervosa-Kranken, da es die Störung verstehen hilft und Auswege aufzeigt. Es enthält wertvolle Informationen nicht nur für bulimisch Eßgestörte, sondern auch für Magersüchtige und Übergewichtige. Es kann die Entscheidung erleichtern, sich an professionelle TherapeutInnen oder Selbsthilfegruppen zu wenden. Dies gilt nicht nur für die Eßstörung selbst, sondern auch für häufig damit verbundene Probleme wie den Umgang mit Alkohol oder sexuelle Mißbrauchserfahrungen. Viele Eßgestörte suchen deshalb keine Hilfe, weil sie sich ihrer Schwierigkeiten schämen. Dieses Problem kann durch Selbstbehandlung mit dem vorliegenden Buch umgangen werden. Außerdem sollten die vielen Fallbeispiele erkennen lassen, daß die Probleme weiter verbreitet sind, als die Betroffenen selbst häufig glauben, und daß es Hoffnung auf Besserung gibt.

Im Gegensatz zu TherapeutInnen ist das Buch jederzeit verfügbar, auch über das Therapieende hinaus. Die selbstbestimmte und eigenverantwortliche Arbeit mit dem Buch ist ein wirksames Mittel gegen das für Bulimie kennzeichnende Gefühl des Kontrollverlustes. Es entlastet die Therapie von Informationsvermittlung und schafft Zeit für die Bearbeitung anderer Probleme, beispielsweise zwischenmenschlicher, die bei Bulimia nervosa ebenfalls eine große Rolle spielen.

Die Bulimie besiegen ist keine wörtliche Übersetzung des englischen Originals, sondern eine den deutschen Verhältnissen angepaßte Fassung.

Bielefeld, 1996   Prof. Dr. med. Cornelia Thiels,
                        MPhil MRCPsych,
                        Ärztin für Psychiatrie und für Kinder-
                        und Jugendpsychiatrie

Einleitung

Seit einigen Jahren zeigen die Medien reges Interesse an Eßstörungen. Dies hat jedoch eher zu schillernden Darstellungen als zu wirklichen Informationen über Bulimie geführt. Der Bulimie scheint immer noch etwas Geheimnisumwittertes anzuhaften, und falsche Vorstellungen sowie Fehlinformationen über die Ursachen, gesundheitlichen Risiken und Wege zur Genesung sind auch weiterhin im Umlauf. In vielen Gegenden ist der Zugang zu einer Behandlung für die Betroffenen immer noch schwierig, und oft tappen Freunde und Verwandte völlig im dunkeln darüber, wie sie helfen können. Auch Ärzte begegnen den Betroffenen häufig mit zu wenig Verständnis und verstärken so deren Schuldgefühle und Isolation.

Dieses Buch wurde ursprünglich für Bulimiepatientinnen und -patienten der Klinik für Eßstörungen am Maudsley Hospital (London) geschrieben. Die Frauen und Männer, die zu uns kommen, benötigen grundlegende Informationen über die verschiedenen Aspekte ihrer Krankheit und praktische Ratschläge, wie sie sie überwinden können. Die Psychotherapie, die wir und andere Kliniken für Eßstörungen durchführen, versucht, diesen Bedürfnissen gerecht zu werden. Auf den folgenden Seiten finden Sie in konzentrierter Form all das, was nach unserem Wissensstand die wichtigsten Bestandteile einer erfolgreichen Behandlung sind. Dieses Buch wurde einer großen Anzahl von Patientinnen und Patienten mit Eßstörungen in London und später auch in Bielefeld an die Hand gegeben. Die Reaktion war überaus ermutigend: Die meisten fühlten sich nach der Arbeit mit dem Buch stark genug, ihre Eßprobleme und darüber hinaus andere Schwierigkeiten in ihrem Leben anzugehen. Patientinnen und Patienten, die sich im Vorfeld weniger klar darüber waren, was sie wirklich wollten, half das Buch, ihre Probleme besser zu verstehen. Es diente ihnen als Hilfsmittel zu einer wohlfundierten Entscheidung, ob sie sich auf eine Behandlung einlassen wollten oder nicht.

Die Bulimie besiegen kann auch Ihnen helfen, zu einem normalen Eßverhalten zurückzufinden. Sie müssen diese Reise zur Veränderung Ihres Lebens zwar aus eigener Initiative antreten, aber wir werden Ihnen »Landkarten« und Orientierungspunkte an die Hand geben und Sie auf die Gefahren und Tücken des Weges hinweisen.

Vielleicht fühlen Sie sich unwohl bei dem Gedanken, die trügerische Sicherheit des vertrauten Handelns aufzugeben. Sicherlich ist Ihnen bewußt, daß Ihr derzeitiges Eßverhalten ernste Gefahren birgt, aber Sie haben möglicherweise eine schützende Wand aufgebaut, die die Risiken für Sie unsichtbar macht. Sie werden sicherlich Angst davor haben, Neuland zu betreten, wo es möglicherweise keine Aussicht auf Schutz und die Geborgenheit des Vertrauten gibt. Aber seien Sie zuversichtlich: Dieses Buch ist voller »Reiseberichte« von Menschen wie Ihnen, die sich auf den Weg gemacht haben. Viele Patientinnen und Patienten haben zu diesem Buch beigetragen. Wir haben ihre Geschichte und ihren Leidensweg aufgezeichnet, um Ihnen zu zeigen, daß Sie nicht alleine sind mit Ihrem Problem. Dieses Buch soll Sie auch dabei unterstützen, alte Denkmuster, mit denen Sie sich selbst schädigen, aufzugeben. Es stellt Ihnen die notwendigen Hilfsmittel bereit, um diese Reise aus eigener Initiative antreten zu können und selbständig auf dem Weg der Genesung voranzuschreiten.

Mit Hilfe des Buches werden Sie in der Lage sein, Verzögerungen und Umwege auf der Reise vorauszusehen und mit ihnen umzugehen. Zu Anfang fühlen Sie sich vielleicht unbehaglich, aber mit der Zeit werden Sie die Vorteile Ihrer neu gewonnenen Stärke erkennen.

Nicht jeder kann die Reise beim ersten Mal erfolgreich abschließen. Rückschläge und Ausrutscher kommen immer wieder vor. Daraus können Sie jedoch lernen. Manchen Betroffenen erscheint der Veränderungsprozeß langsam und mühselig. Sie müssen sich immer wieder auf die Füße helfen, um schließlich das Ziel zu erreichen; für andere wiederum ist der Weg viel einfacher.

Die Dauer des Genesungsprozesses ist von Mensch zu Mensch verschieden. Drei Monate sind der Durchschnitt; das Buch kann Sie aber über Jahre begleiten, um Ihnen immer wieder Rat zu geben, wenn starke Strömungen Sie in die Arme der Bulimie zurücktreiben wollen.

Vielleicht haben Sie immer noch das Gefühl: »Ich kann mir nicht selbst helfen. Ich habe es versucht. Mein Problem ist zu schwerwiegend. Ich brauche jemanden, der die Sache in die Hand nimmt.« Jede Form der Behandlung kann nur dann etwas bewirken, wenn Sie selbst aktiv daran mitarbeiten. Je mehr Sie in die Behandlung investieren, desto mehr werden Sie herausbekommen. Aus diesem Grund können Sie auch genausogut jetzt beginnen, mit diesem Buch ein Stück des Weges zurückzulegen. Was hier beschrieben ist, kann Ihnen nicht helfen, Ihr Problem von einer Minute zur anderen zu lösen. Mit der Entscheidung, Ihr chaotisches Eßverhalten aufzugeben, haben Sie jedoch bereits den ersten wichtigen Schritt getan, um zu mehr Freiheit und zu einer größeren Selbstachtung zu finden.

Bitte bedenken Sie

Einige Patientinnen und Patienten werden von ihren Familien oder Partnern dazu gebracht, an ihren Problemen zu arbeiten. Dieses Buch kann Ihnen jedoch nur dann helfen, wenn *Sie* sich wirklich *selbst* Ihren Schwierigkeiten stellen wollen. Es kann Ihnen nicht helfen, wenn Sie nicht eindeutig zu Veränderungen bereit sind und sich nur einer anderen Person zuliebe auf den Weg machen wollen. Um Ihre Motivation zu beurteilen, ist es notwendig, daß Sie in Kapitel 1 Ihren eigenen *Bulimie-Bilanzbogen* ausfüllen und eine Kopie immer bei sich tragen (z.B. in Ihrer Tasche). So können Sie ihn regelmäßig zu Rate ziehen, wo immer Sie gerade sind.

In den nächsten Wochen wird eine Menge harter Arbeit auf Sie zukommen. Auch wenn Sie fest entschlossen sind, Ihren Zustand zu verbessern, werden Sie sicherlich Höhen und Tiefen erleben. Die beste Art, damit umzugehen, ist, jeden Tag so zu nehmen, wie er kommt und nicht über der Vergangenheit zu brüten.

Sie sind vielleicht versucht, dieses Buch zu »verschlingen«, d.h., es sehr schnell zu lesen und dann in die Ecke zu werfen und sich einzureden, daß Sie das doch schon alles gewußt haben. Wenn Sie ehrlich zu sich selbst sind, stimmt das wahrscheinlich nicht. Versuchen Sie deshalb, sich die Schritte langsam zu erarbeiten – nehmen Sie sich z.B. nur ein Kapitel pro Woche vor.

Die Möglichkeiten und Grenzen dieses Buches

Dieses Buch kann Sie nicht vollständig heilen. Es kann Ihnen jedoch helfen, Ihre Eßstörung soweit in den Griff zu bekommen, daß sie Ihr Leben nicht mehr beherrscht. Es geht hier nicht in erster Linie darum, Ihnen verstehen zu helfen, warum Sie eine Eßstörung entwickelt haben. Ein Verständnis der zugrunde liegenden Ursachen zu gewinnen, ist oft schwierig, in jedem Fall langwierig und in manchen Fällen auch ganz unmöglich. Obwohl es wichtig ist, die Ursachen der Eßstörung zu verstehen, hilft das allein nur selten, die quälenden Eßgewohnheiten aufzugeben. Dieses Buch soll Menschen dabei helfen, zunächst ihre Symptome zu behandeln und mehr Kontrolle über ihr Leben zu erlangen. Wenn sich die Symptome gebessert haben, werden häufig auch die zugrunde liegenden Ursachen viel klarer, und es ist dann sehr viel leichter zu entscheiden, ob diese Ursachen auch behandelt werden müssen.

1.
Der Weg nach vorn

Wie Sie überprüfen können, ob Sie an Bulimie leiden

Es gibt eine verwirrende Anzahl von Begriffen, um das Problem des zwanghaften Essens zu bezeichnen. Einige davon sind Ihnen vielleicht schon begegnet: Bulimia nervosa, Bulimie, Eß- und Brechsucht oder Bulimarexia. Diese Etikettierungen überschneiden sich und haben sehr viel gemeinsam. Bulimie hängt nicht vom jeweiligen Körpergewicht ab. Wir haben sehr schlanke Patientinnen gesehen, Patienten mit Idealgewicht und auch übergewichtige Menschen. Falls Sie sich nicht sicher sind, ob Sie ernsthaft unter Bulimie leiden, beantworten Sie den folgenden Fragebogen.

Bulimie-Fragebogen

1. Haben Sie regelmäßige, tägliche Eßgewohnheiten? Ja = 0 Nein = 1
2. Halten Sie eine strenge Diät? Ja = 1 Nein = 0
3. Haben Sie das Gefühl, versagt zu haben, wenn Sie einmal Ihre Diät nicht einhalten? Ja = 1 Nein = 0
4. Zählen Sie bei allem, was Sie essen, die Kalorien, auch wenn Sie keine Diät machen? Ja = 1 Nein = 0
5. Kommt es vor, daß Sie einen ganzen Tag fasten? Ja = 1 Nein = 0
6. Wenn ja, wie oft kommt das vor? Habe ich einmal gemacht = 1
Ab und zu = 2
Einmal pro Woche = 3
Zwei- bis dreimal pro Woche = 4
Jeden 2. Tag = 5

7. Bedienen Sie sich eines der folgenden Mittel, um abzunehmen?

	nie	gelegentlich	einmal pro Woche	zwei- bis dreimal pro Woche	täglich	zwei- bis dreimal pro Tag	täglich fünfmal und mehr
a) Appetitzügler	0	2	3	4	5	6	7
b) harntreibende Mittel	0	2	3	4	5	6	7
c) Abführmittel	0	2	3	4	5	6	7
d) selbst herbeigeführtes Erbrechen	0	2	3	4	5	6	7

Beantworten Sie die Fragen a-d getrennt, und addieren Sie die Punkte. Gesamtpunkte=_____

8. Wirkt sich Ihr Eßverhalten sehr störend auf Ihr Leben aus? Ja = 1 Nein = 0

9. Würden Sie sagen, daß Essen Ihr Leben beherrscht? Ja = 1 Nein = 0

10. Kommt es vor, daß Sie essen und essen, bis körperliche Beschwerden Sie zwingen aufzuhören? Ja = 1 Nein = 0

11. Gibt es Zeiten, in denen Sie nur ans Essen denken? Ja = 1 Nein = 0

12. Essen Sie in Gegenwart anderer gemäßigt, und holen Sie das Versäumte heimlich nach? Ja = 1 Nein = 0

13. Können Sie immer aufhören zu essen, wenn Sie es wollen? Ja = 0 Nein = 1

14. Kennen Sie den überwältigenden Drang, zu essen und immer wieder zu essen? Ja = 1 Nein = 0

15. Neigen Sie dazu, viel zu essen, wenn Sie Angst haben? Ja = 1 Nein = 0

16. Erschreckt Sie der Gedanke, dick zu werden? Ja = 1 Nein = 0

17. Kommt es vor, daß Sie schnell große Mengen auf einmal essen? Ja = 1 Nein = 0

18. Schämen Sie sich wegen Ihrer Eßgewohnheiten? Ja = 1 Nein = 0

19. Machen Sie sich Sorgen, daß Sie keine Kontrolle darüber haben, wieviel Sie essen?	Ja = 1 Nein = 0
20. Suchen Sie Trost im Essen?	Ja = 1 Nein = 0
21. Können Sie am Ende einer Mahlzeit etwas auf dem Teller übriglassen?	Ja = 0 Nein = 1
22. Täuschen Sie andere Leute darüber, wie viel Sie essen?	Ja = 1 Nein = 0
23. Entscheidet Ihr Hungergefühl darüber, wie viel Sie essen?	Ja = 0 Nein = 1
24. Kommt es vor, daß Sie große Mengen von Essen regelrecht verschlingen?	Ja = 1 Nein = 0
25. Wenn ja, fühlen Sie sich nach solchen Attacken elend?	Ja = 1 Nein = 0
26. Wenn Sie solche Attacken haben, passiert das nur, wenn Sie alleine sind?	Ja = 1 Nein = 0
27. Wenn Sie solche Attacken haben, wie oft kommt es vor?	So gut wie nie = 1 Einmal im Monat = 2 Einmal pro Woche = 3 Zwei- bis dreimal pro Woche = 4 Täglich = 5 Mindestens zwei- bis dreimal am Tag = 6
28. Würden Sie große Anstrengungen unternehmen, um dem Drang, sich vollzustopfen, nachgeben zu können?	Ja = 1 Nein = 0
29. Fühlen Sie sich schuldig, wenn Sie zuviel essen?	Ja = 1 Nein = 0
30. Kommt es vor, daß Sie heimlich essen?	Ja = 1 Nein = 0
31. Würden Sie Ihre Eßgewohnheiten als normal bezeichnen?	Ja = 0 Nein = 1
32. Würden Sie sich als zwanghafte/n Esser/in einschätzen?	Ja = 1 Nein = 0
33. Schwankt Ihr Gewicht in einer Woche um mehr als 5 Pfund?	Ja = 1 Nein = 0

Quelle: M. Henderson und C.P.L. Freeman in: *British Journal of Psychiatry*, Nr. 150, 1987, S. 18-24.

Auswertung

Addieren Sie zunächst Ihre Punkte aus den Fragen 6, 7 und 27. Diese geben Ihnen einen Hinweis auf den Schweregrad der Bulimie. Wenn Sie 5 Punkte oder mehr errreichen, haben Sie zur Zeit eine ausgeprägte Eßstörung.

Zählen Sie nun die Punkte aus den übrigen Fragen zusammen. Sie beziehen sich auf die Symptome. Wenn Sie 15 oder mehr Punkte erreichen, haben Sie viele der Gedanken und Einstellungen, die mit einer Eßstörung einhergehen, und sind darüber beunruhigt.

Der Umgang mit diesem Buch

Wie viele Leute haben Sie vielleicht die Angewohnheit, zunächst das Ende eines Buches zu lesen oder in der Mitte anzufangen bei dem Kapitel, dessen Überschrift Sie besonders anspricht. Während im Prinzip kein Grund besteht, mit diesem Buch nicht genauso zu verfahren, gibt es ein paar Dinge, die Sie wissen müssen, bevor Sie anfangen:

Die Kapitel 1 bis 6 sind die grundlegenden Kapitel, die Ihnen alle Schritte vermitteln, die Sie benötigen, um problematische Eßgewohnheiten aufzugeben. Es ist sinnvoll, sie im Zusammenhang zu lesen, wobei die Reihenfolge Ihnen überlassen bleibt. Mit Hilfe dieser Kapitel können Sie feststellen, ob Ihre Entscheidung, die Bulimie zu überwinden, richtig ist und ob Sie auch wirklich bereit sind, dies zu tun.

Wenn Sie zusätzlich zu Ihrer Eßstörung übergewichtig sind, sollten Sie Kapitel 7 in Ihre anfängliche Lektüre einbeziehen.

Die Kapitel 9 bis 14 konzentrieren sich auf Zusammenhänge zwischen Ihrer Eßstörung und anderen Bereichen Ihres Lebens. Sie können diese Kapitel in den nächsten Wochen in aller Ruhe und in beliebiger Reihenfolge lesen. Sie sollen Ihnen helfen, Probleme in anderen Lebensbereichen aufzuspüren, Zusammenhänge herzustellen und Faktoren zu identifizieren, die möglicherweise Hürden bei der Überwindung Ihrer Eßstörung darstellen.

Falls Sie momentan stark trinken oder regelmäßig Medikamente einnehmen, raten wir Ihnen, Kapitel 12 auch gleich zu Beginn zu lesen. Drogen- und Alkoholprobleme erschweren die Behandlung von Eßstörungen wesentlich und sollten daher frühzeitig in Angriff genommen werden. Kapitel 12 kann Ihnen dabei helfen a) festzustellen, wie schwerwiegend Ihr Alkohol- oder Drogenproblem ist und b) zu entscheiden, was Sie dagegen tun können.

Sind Sie bereit, die Reise anzutreten? Ziehen Sie Bilanz!

Bevor Sie sich auf den Weg machen, ist es wichtig, die grundlegenden Informationen in den Kapiteln 2-6 aufzunehmen.

Beginnen Sie damit, diese Kapitel im Zusammenhang zu lesen. Überspringen Sie bei diesem Schritt zunächst die dort gegebenen Anweisungen. Lesen Sie jedes Kapitel so oft, bis Sie sicher sind, daß Sie die Informationen auch wirklich aufgenommen haben.

Sind Sie bereit, die Reise anzutreten?

Der Bulimie-Bilanzbogen

▶ Wenn Sie nach der Lektüre dieser ersten Kapitel eine ruhige Stunde finden, dann arbeiten Sie an der Erstellung Ihres Bulimie-Bilanzbogens. Nehmen Sie zuerst ein großes Stück Papier, und teilen Sie es der Länge nach in zwei Spalten. Über die eine Spalte schreiben Sie »Gründe, mein bulimisches Verhalten aufzugeben« und über die andere »Gründe, mein bulimisches Verhalten beizubehalten«. Wie dieser Bulimie-Bilanzbogen gestaltet sein sollte, sehen Sie auf der nächsten Seite.

Bulimie-Bilanzbogen

Gründe, mein bulimisches Verhalten aufzugeben	Gründe, mein bulimisches Verhalten beizubehalten
Vorteile der Veränderung für mich	Nachteile der Veränderung für mich
Vorteile der Veränderung für andere	Nachteile der Veränderung für andere

Sie mögen gute Gründe haben, Ihr gewohntes Eßverhalten beizubehalten, und gleichzeitig möchte ein Teil von Ihnen mit allen Mitteln einen Ausweg aus dem Teufelskreis der Bulimie finden. Es ist unmöglich, alle Gedanken, Argumente und Ideen gleichzeitig im Kopf gegeneinander abzuwägen. Das Erstellen einer Bilanz wird Ihnen helfen, das Ganze zu systematisieren. Planen Sie eine Woche für dieses Projekt ein und arbeiten Sie jeden Tag daran. Um Ihre Gedanken und Argumente noch klarer zu gliedern, unterteilen Sie bitte die Längsspalten durch eine waagrechte Linie. In der Spalte, in der Sie Gründe sammeln wollen, die für den Weg der Heilung sprechen, schreiben Sie in die obere Hälfte »Vorteile der Veränderung für mich« und in die untere Hälfte »Vorteile der Veränderung für andere«. Die obere Hälfte der rechten Spalte überschreiben Sie entsprechend mit »Nachteile der Veränderung für mich«, die untere Hälfte mit »Nachteile der Veränderung für andere«.

Weiter unten haben wir Argumente aus den Bilanzbögen anderer Menschen aufgeführt. Einige Argumente mögen Ihrer Situation entsprechen, andere vielleicht weniger. Nehmen Sie sich aber auf jeden Fall die Zeit, Ihre eigenen Gründe, die für oder gegen den Prozeß der Heilung sprechen, zu finden. Behalten Sie diesen Bilanzbogen die ganze Woche im Hinterkopf, oder – besser noch – nehmen Sie ihn überall dorthin mit, wo Sie sich aufhalten, um neue Gedanken spontan notieren zu können. Versuchen Sie dabei, die Ideen so konkret wie möglich auszuformulieren.

Mögliche Gründe, um mit der Bulimie aufzuhören

Vorteile der Veränderung für mich selbst

- »Ich werde mich nicht mehr die ganze Zeit müde und unwohl fühlen.«
- »Meine Zähne werden nicht weiter zerstört.«
- »Ich werde gesünder aussehen.«
- »Mein Darm wird normal funktionieren, ohne unnatürliche Praktiken.«

- »Mein Körper wird sich wieder regenerieren.«
- »Ich brauche nicht mehr wegen der Art und der Menge meines Essens zu lügen.«
- »Ich werde an allen geselligen Aktivitäten ohne Ausreden teilnehmen können.«
- »Ich werde für die Liebe und auch in sexueller Hinsicht aufgeschlossener sein.«
- »Ich brauche keinem mehr etwas vorzumachen, wenn es um Erbrechen oder die Einnahme von Abführmitteln geht.«
- »Ich werde mich besser konzentrieren und bessere Arbeit leisten können.«
- »Ich werde etwas Positives erreicht haben.«

Vorteile der Veränderung für andere

- »Ich werde mehr Zeit mit meiner Familie und Freunden verbringen können und brauche keine Ausreden mehr zu finden, um mich vor dem gemeinsamen Essen zu drücken.«
- »Meine Mitbewohner werden keine leeren Lebensmittelschränke mehr vorfinden.«
- »Mein Partner wird mich wieder eher küssen wollen, wenn ich nicht mehr ständig erbreche.«
- »Ich werde weniger gereizt und aggressiv sein.«
- »Meine Eltern werden aufhören, sich zu sorgen, daß ich sterben könnte.«
- »Meine Freunde brauchen nicht mehr zuzusehen, wie ich mein Leben zerstöre.«
- »Meine Eltern/mein Ehemann/mein Freund sind nicht länger damit belastet, eine Tochter/eine Frau/eine Freundin mit einer offensichtlichen Eßstörung zu haben.«
- »Bei der Arbeit werde ich einen gesunden und kompetenten Eindruck machen.«

Nachteile der Veränderung und Genesung

Nachteile der Veränderung für mich

- »Ich werde mich am Anfang vor Essenszeiten fürchten.«
- »Ich werde mich aufgedunsen und vollgestopft fühlen.«
- »Mein Bauch wird nach dem Essen kleiner Mengen ›vorspringen‹.«
- »Ich könnte Schwellungen um meine Augen und Fesseln bekommen.«
- »Ich werde mich wegen meines Gewichts sehr ängstigen.«
- »Es wird so schwierig, daß ich mit Sicherheit versagen werde, und dann fühle ich mich schlimmer denn je.«
- »Ich werde das Gefühl haben, die Kontrolle über alles zu verlieren.«
- »Ich werde mich meinen Verantwortlichkeiten stellen müssen.«
- »Ich werde mich unbehaglich, elend und ängstlich fühlen.«
- »Ich werde mich selbst und meinen Körper hassen.«

Nachteile der Veränderung für andere

- »Ich werde mehr aktive Hilfe und Unterstützung von meinen Eltern/meinem Partner brauchen.«
- »Meine Stimmung wird vielleicht häufiger schwanken.«
- »Ich werde anderen nicht mehr den Eindruck vermitteln können, ich hätte mein Eßverhalten und mein Gewicht unter Kontrolle.«
- »Ich werde vielleicht durchsetzungsfähiger und dominanter, wenn ich von dieser Last aus Scham und Schuldgefühlen befreit bin. Das könnte meine Beziehungen aber aus dem bisherigen Gleichgewicht bringen.«

Wenn Ihr Bilanzbogen fertig erstellt ist, gehen Sie ihn durch, und geben Sie jedem Vor- bzw. Nachteil eine Bewertung auf einer Skala von 1 - 10 (10 = ein sehr wichtiger Vor- bzw. Nachteil; 1 = ein nur wenig wichtiger Vor- bzw. Nachteil).

Zurück in die Zukunft

Wir empfehlen Ihnen jetzt, folgende Übung zu machen. Es wird hilfreich sein, wenn Sie Ihren Bilanzbogen während der Übung vor sich liegen haben.

▶ Stellen Sie sich Ihre Situation in fünf Jahren vor, nachdem Sie beschlossen haben, es sei zu schwierig und zu riskant, Ihre Eßstörung zu überwinden. Sie leiden weiterhin an Bulimie. Alles ist fehlgeschlagen. Alle negativen Konsequenzen, die Sie auf Ihrem Bilanzbogen bedacht hatten, sind eingetroffen. Sie wissen nicht mehr ein noch aus. Sie beschließen, einer engen Freundin zu schreiben, die Sie seit einiger Zeit nicht mehr gesehen haben, weil sie im Ausland lebt. Sie wissen, daß sie Sie gern hat und sich nicht durch oberflächliches Gerede täuschen läßt. Außerdem sind Sie sich bewußt, daß Ihre Freundin sowieso alles erfahren wird, wenn Sie demnächst zurückkehrt. In der Vergangenheit haben Sie erlebt, daß sie Ihnen immer seelischen und praktischen Beistand gegeben hat, wenn Sie Hilfe brauchten. Sie wissen, daß Sie ihr ausführlich über Ihre derzeitigen Schwierigkeiten berichten können.

Bevor Sie den Brief an Ihre Freundin aufsetzen, hier noch eine kleine Liste von Dingen, die Sie auf jeden Fall erwähnen sollten:

- Wieviel wiegen Sie zu dieser Zeit?
- Mit welchen medizinischen Komplikationen haben Sie zu tun?
- Wie sieht Ihre berufliche Stellung zu jenem Zeitpunkt – in fünf Jahren – aus?
- Wo und mit wem leben Sie gerade?
- Wer sind Ihre Freunde?
- Haben Sie derzeit eine Beziehung? Sind Sie verheiratet? Haben Sie Kinder?

▶ Versuchen Sie, so realistisch wie möglich zu sein, und beschreiben Sie die Situation in fünf Jahren, als wäre es heute.

Hier ist ein Beispiel von einer Frau, die auch an Bulimie litt und sich mit demselben Instrument auf die Reise der Genesung vorbereitete:

25. Mai 2001

Liebe Susanne,

ich freue mich darauf, Dich im Juni wiederzusehen. Ich dachte, ich sollte Dir offen über meine derzeitige Situation berichten, so daß wir bei Deiner Rückkehr an der Stelle weitermachen können, an der wir aufgehört haben. Leider ist es eine ziemlich traurige Geschichte, aber ich weiß, daß ich sie Dir anvertrauen kann. Ich bin sogar sicher, daß sich eines Tages noch alles zum Guten wenden wird, wie das in der Vergangenheit auch schon einmal der Fall war.

Ich leide immer noch an Bulimie, d.h. seit nunmehr 15 Jahren. Mein Gewicht schwankt ständig zwischen 51 und 83 kg. Momentan wiege ich etwas über 51 kg, aber ich bin deshalb nicht glücklich.

Ich erbreche noch immer, obwohl das nicht mehr so wirkungsvoll scheint wie früher, und ich schränke meine Nahrung jetzt drastisch ein. Ich verbringe den ganzen Tag mit der Zubereitung meiner Mahlzeiten. Ich erhalte einen Schein von Kontrolle aufrecht, indem ich jedes kleine Häppchen extra zurechtmache. Morgens wache ich manchmal auf und stelle fest, daß ich nachts gegessen habe, aber ich kann mich nicht daran erinnern.

Die Krankheit hat schwerwiegende Auswirkungen auf meine Gesundheit gehabt. Ich habe nun sechs Zahnkronen, und die anderen Zähne reagieren immer noch sehr empfindlich auf Temperaturschwankungen. Im letzten Sommer wurde ich mit furchtbaren Schmerzen ins Krankenhaus eingeliefert. Die Ärzte stellten fest, daß ich Nierensteine hatte. Ich bekam eine neue Spezial-Vibrationstherapie zum Auflösen der Steine. Noch Wochen später hatte ich Blut und Grieß im Harn.

Ich bin mehr denn je abhängig von Abführmitteln. Ich verbringe den ganzen Tag damit, zu Apotheken zu gehen, um sie zu kaufen. Ich habe einen festen Zeitplan und gehe zu verschiedenen Apotheken an verschiedenen Wochentagen. Ich gebe mehr als die Hälfte meiner Sozialhilfe für Abführmittel aus. Ich habe festgestellt, daß ich allmählich immer mehr davon brauche. Ohne Abführmittel fühle ich mich so aufgebläht und bin so verstopft, daß ich in Panik gerate, aber mit Abführmitteln blute ich, ›laufe aus‹ und verbringe die ganze Nacht mit Krämpfen auf der Toilette.

Seit zwei Jahren arbeite ich nicht mehr. Ich habe ein Zimmer in einem Haus, in dem noch sechs andere Personen wohnen. Seit David vor vier Jahren mit mir Schluß gemacht hat, ist mein Freundes- und Bekanntenkreis stark geschrumpft. Ich habe nur noch mit Sophie und Paul Kontakt. Sie schreiben mir regelmäßig und laden mich immer wieder zu sich nach Hause ein.

Manchmal bin ich so deprimiert und verzweifelt, daß ich mir überlege, meinem Leben und Leiden ein Ende zu setzen. Ich halte mich zurück, weil ich ein Feigling bin und weil ich es nicht ertragen könnte, mir vorzustellen, daß Leute nach meinem Tode mein Zimmer und meine Sachen sähen. Ich würde mich schämen, wenn sie meine Lebensmittelvorräte entdeckten (ich habe drei Kühltruhen voller Lebensmittel) und die Menge an Kleinigkeiten, die ich in Läden gestohlen und nie benutzt habe. Mein Zwang, zu sammeln und zu putzen, ist übermächtig.

Trotz allem habe ich ein Fünkchen Hoffnung. Ich erinnere mich daran, daß Du mir vor fünf Jahren angeboten hast, mir bei der Überwindung meiner Krankheit zu helfen. Damals schien es mir zu schwierig und riskant, eine Veränderung meines Lebens zu wagen. Jetzt sehe ich jedoch keinen anderen Ausweg, und ich würde gern Dein großzügiges Angebot, mir zu helfen, annehmen.

Ich weiß, daß Du Dich freuen wirst, daß ich den ersten Schritt gemacht und Dir geschrieben habe.

Alles Liebe, Petra

▶ Schreiben Sie jetzt Ihren eigenen Brief. Lesen Sie ihn sehr genau durch. Wollen Sie wirklich so eine Zukunft?
▶ Schreiben Sie jetzt einen Brief, in dem Sie Ihre Situation beschreiben, fünf Jahre nachdem Sie Ihre Bulimie unter Kontrolle gebracht haben. Ist dies die Art von Zukunft, die Sie sich wünschen?

Der Entschluß, sich auf den Weg zu machen

Ob Sie jetzt an einer Veränderung arbeiten oder ob Sie an Ihrem Eßverhalten festhalten wollen, ist das Ergebnis einer von Ihnen selbst gefällten Entscheidung. Wahrscheinlich wird es sich nicht einfach um einen einzigen Entschluß handeln, sondern um eine Reihe kleinerer Entscheidungen, die Sie im Laufe der nächsten Tage, Monate und Jahre fällen werden. Starke Kräfte werden Ihnen entgegenarbeiten. Sie werden viele Fehler machen; schließlich sind Sie ein Mensch und fehlbar. Aber gerade weil Sie ein Mensch sind, können Sie auch aus Ihren Fehlern lernen.

Sollte ich eine andere Person um Unterstützung bitten?

Der Versuch, den Heilungsprozeß ganz alleine durchzustehen, ist eine harte und einsame Aufgabe. In manchen Fällen ist es nützlich, die Hilfe von Familienmitgliedern oder von Freunden zu suchen. Oft sind Eltern, Freunde oder Lebenspartner nur allzugern bereit, unterstützend zu einer Veränderung beizutragen. Wenn Sie sich über die Einbeziehung von Familienmitgliedern oder Freunden nicht sicher sind, sollten Sie Kapitel 13 lesen. Es wird Ihnen helfen, sich darüber klar zu werden, ob die Hilfestellung anderer für Ihre Behandlung ein positiver Schritt ist, wie sie am besten einbezogen werden können, und ob Sie sie aus den richtigen Gründen um Hilfe bitten. Sie werden entscheiden müssen, wen Sie um Unterstützung bitten wollen, ob es eher Menschen sind, die Ihnen sehr nahe stehen, oder Menschen, mit denen Sie viel Zeit verbringen.

Die folgenden Fragen können Ihnen bei Ihrer Entscheidung eine Hilfestellung bieten.

Unterstützungsfragebogen

Kann die Person X Sie unterstützen? Beantworten
Sie folgende Fragen, um sich Klarheit zu verschaffen: (Wertung)

1. Wie leicht fällt es Ihnen, mit X über Probleme zu sprechen?
   Sehr leicht   5 Punkte
   Ziemlich leicht   4 Punkte
   Ich bin mir nicht sicher   3 Punkte
   Ziemlich schwer   2 Punkte
   Sehr schwer   1 Punkt

2. Steht X Ihrem Eßverhalten kritisch gegenüber bzw. regt er/sie sich leicht darüber auf?
   Immer   1 Punkt
   Oft   2 Punkte
   Manchmal   3 Punkte
   Selten   4 Punkte
   Nie   5 Punkte

3. Könnten Sie auch mit X sprechen, wenn Sie keine Fortschritte machen?
   Bestimmt   3 Punkte
   Ich weiß nicht genau 2 Punkte
   Bestimmt nicht   1 Punkt

4. Können Sie darauf vertrauen, daß X – ohne Bedingungen zu stellen – immer für Sie da ist, wenn Sie sie/ihn brauchen?
   Bestimmt   5 Punkte
   Wahrscheinlich   4 Punkte
   Vielleicht   3 Punkte
   Wahrscheinlich nicht 2 Punkte
   Bestimmt nicht   1 Punkt

5. Wenn Sie Ihre Bulimie überwunden hätten, wie würde X wahrscheinlich reagieren?

X würde sich ziemlich bedroht fühlen und sich überflüssig vorkommen.	0 Punkte
X würde darauf eifersüchtig sein, daß ich in meinem Leben unabhängiger und erfolgreicher geworden bin.	0 Punkte
Ich habe keine Ahnung.	1 Punkt
X würde sich für mich freuen.	2 Punkte

6. Wie oft sehen Sie X?

Mindestens einmal pro Woche	3 Punkte
Mindestens einmal in zwei Wochen	2 Punkte
Mindestens einmal im Monat	1 Punkt
Weniger als einmal im Monat	0 Punkte

Auswertung

Zählen Sie nun Ihre Punkte zusammen:

19-23 Punkte: Sie sind in der glücklichen Lage, eine ideale Unterstützungsperson in Ihrer Nähe zu haben. Sie sollten Person X auf alle Fälle darum bitten, Sie bei der Überwindung Ihrer Eßstörung zu unterstützen.

12-19 Punkte: Es ist unklar, ob X Ihre Unterstützungsperson sein sollte. Vielleicht kennen Sie sie/ihn noch nicht gut genug, um einschätzen zu können, wie die Reaktion auf Sie ausfallen würde. Die beste Vorgehensweise ist vielleicht, X als in Frage kommende Unterstützungsperson im Hinterkopf zu behalten, aber nichts zu überstürzen. Wenn Sie X jedoch sehr gut kennen, dann spiegelt das Ergebnis wahrscheinlich eine »lauwarme« Haltung in der Beziehung wider, und es ist wahrscheinlich besser für Sie, über jemand anderes nachzudenken.

4-11 Punkte: Diese Person ist als Begleiterin Ihres Heilungsprozesses nicht geeignet. Suchen Sie sich besser jemand anderes, oder begeben Sie sich alleine auf die Reise.

Die Bitte um Unterstützung wird schwierig sein. Versuchen Sie, so direkt und präzise wie möglich zu formulieren, was Sie von Ihrer Familie oder Ihren Freunden erwarten. Vielleicht sollten Sie ihnen dieses Buch zeigen.

Einem Menschen mit Eßstörungen zu helfen ist eine schwierige Aufgabe. Manche Menschen erkennen diese Probleme im voraus und lehnen schon frühzeitig ab zu helfen. Sie sollten auf eine solche Reaktion gefaßt sein. Die Person, die Ihre Bitte ablehnt, möchte Sie sicher nicht zurückweisen, sondern kennt sich vermutlich gut genug, um realistisch zu erkennen, daß sie der Aufgabe nicht gewachsen sein wird. Andere werden Ihnen ihre Hilfe zusagen, weil sie Ihnen einen Gefallen tun und Ihnen helfen wollen, ohne genau zu wissen, auf was sie sich einlassen, und dann merken sie, daß es ihnen doch zu schwierig ist. Sie sollten auch darauf gefaßt sein. Aber, ähnlich wie beim letzten Fall, handelt es sich dabei nicht um Zurückweisung, sondern um eine realistische Einschätzung der eigenen Möglichkeiten.

Wenn Sie Glück haben, gibt es in Ihrem Freundeskreis einen Menschen, der Ihnen helfen kann und Sie während der gesamten Zeit begleitet. Es wird ein schwieriger und gefährlicher Weg für Sie beide werden, aber am Ende erwartet Sie eine große Belohnung. Sie selbst werden eine aktive Rolle übernehmen müssen, um festzulegen, wieviel Unterstützung hilfreich für Sie ist. Nehmen Sie sich mindestens 15 Minuten Zeit pro Woche, in denen Sie zusammen mit Ihrer »Co-Therapeutin« oder Ihrem »Co-Therapeuten« Fortschritte überprüfen und neue Ziele festlegen. Vielleicht haben Sie Lust, ihr oder ihm einige der Übungen aus diesem Buch zu zeigen.

Vertrauen wird ein schwieriges Problem sein. Die vielen Heimlichkeiten eines Menschen, der an einer Eßstörung leidet, können mißtrauisch machen. Sie müssen dieses Problem mit Ihrem Helfer bzw. Ihrer Helferin besprechen. Sagen Sie der Person, die Ihnen hilft, daß sie mit Ihnen darüber reden sollte, wenn sie mißtrauisch oder ängstlich wird. Ermutigen Sie sie zu sagen, was ihr Sorgen macht. Sie muß versuchen, offen und ehrlich über Probleme zu sprechen, statt sich mit »Wut im Bauch« von Ihnen zurückzuziehen. Sie könnte z.B. sagen: »Du hast sehr hart daran gearbeitet, nicht so viel in Dich hineinzustopfen, und die ganzen letzten Abende bei mir verbracht. Gestern abend hast Du dann wieder sehr wenig gegessen. Du wirktest angespannt und bist so früh losgehetzt. Ich frage mich, ob Du wieder mit dem Hineinstopfen und Erbrechen angefangen hast.«

Sie können versuchen, gemeinsam mit der unterstützenden Person Alternativen zu finden, um dem Drang zu essen nicht nachgeben zu müssen. Wenn Sie z. B. von einem schwierigen Arbeitstag nach Hause kommen, sich angespannt und mutlos fühlen und Gedanken wie »Ich mache nie etwas richtig« in Ihrem Kopf kreisen, könnten Sie, statt einer Eßattacke nachzugeben, die diese Gedanken für kurze Zeit vertreiben würde, versuchen, mit Ihrer Helferin oder Ihrem Helfer einen Spaziergang zu machen. Dabei könnten Sie Ihre Gedanken und Gefühle besprechen, eine andere Perspektive zu gewinnen oder sich einfach ablenken.

Eine andere Art der Unterstützung, die bei Ihnen funktionieren könnte, ist, einer Selbsthilfegruppe (siehe Adressen im Anhang) beizutreten. Auch Angehörige oder andere besorgte Menschen finden diese Treffen oft hilfreich und haben das Gefühl, etwas Nützliches zu tun.

Wenn Sie sich dazu entschließen, den Weg alleine zu gehen, reservieren Sie eine halbe Stunde Zeit pro Woche (oder öfter) für eine Bestandsaufnahme. Vielleicht nutzen Sie diese Zeit, um einen Brief zu schreiben (z.B. an einen imaginären »Co-Therapeuten«), ein Bild zu malen oder eine Collage zu erstellen, worin Sie die Woche zusammenfassen. Schließen Sie, indem Sie Ziele für die nächste Woche in Ihr Tagebuch schreiben und beurteilen Sie die Fortschritte oder Schwierigkeiten der vergangenen Woche.

Die Etappen Ihrer Reise

Bevor Sie die Arbeit mit diesem Buch beginnen (nachdem Sie ein bißchen darin herumgeschmökert haben und die anfänglichen Übungen gemacht haben), sollten Sie sich daranmachen – möglicherweise zusammen mit Ihrem »Co-Therapeuten« – realistische und durchführbare Ziele zu definieren. Es wäre überwältigend zu sagen: »Ich werde nie mehr in meinem Leben unkontrolliert essen.« Aber gerade solch ein überehrgeiziges, unrealistisches Ziel löst womöglich weitere Eßattacken aus! Es ist deshalb sinnvoller, den Weg zum Endziel in kleinere, überschaubare Schritte aufzuteilen. Die Kapitel 2 bis 6 werden Ihnen helfen, eine Vorstellung davon zu bekommen, welche Etappenziele einen realistischen Anfang darstellen, um die verschiedenen Aspekte Ihrer Eßstörung zu überwinden.

Um ein Ziel zu erreichen, ist es wichtig, genau zu formulieren, was man will. Beachten Sie bitte folgendes:

▶ Ihr Weg sollte für Sie plan- und durchführbar sein.
▶ Ihre Ziele sollten genau bestimmbar sein (nicht einfach irgend etwas, was man nicht messen kann, wie z.B. Glück).
▶ Ihre Ziele sollten eine leichte Herausforderung darstellen, so daß Sie zufrieden sind, wenn Sie sie erreicht haben, aber sie sollten nicht so hoch gesteckt sein, daß nur eine Super-Frau sie erreichen kann.
▶ Ihre Ziele sollten innerhalb eines realistischen Zeitrahmens erreichbar sein. Wenn Sie sich gar keine zeitliche Begrenzung auferlegen, führt das nur zum Verschieben auf später. Genausowenig hilfreich ist es, wenn Sie sich zum Ziel setzen: »Ich werde dieses oder jenes nie mehr im Leben tun«; denn erst am Ende Ihres Lebens können Sie wissen, ob Sie es erreicht haben.

Im Englischen gibt es eine Kindergeschichte mit dem Titel »Thomas, die kleine Lokomotive«. Diese kleine Lokomotive konnte den riesigen Berg nur erklimmen, indem sie sich ständig sagte:

»Ich glaube, ich kann es;
ich bin sicher, ich kann es;
ich glaube, ich kann es;
ich bin sicher, ich kann es.«

2.
Hilfsmittel für die Reise

Das Ernährungstagebuch

Das erste wichtige Hilfsmittel bei Ihrer Reise ist ein Tagebuch, das ähnlich, wie Sie es auf S. 36 sehen, aufgebaut sein kann.

Wir empfehlen Ihnen, sich ein Din A 5-Heft zu kaufen und jeden Tag eine eigene Seite anzulegen, auf der Sie Ihr Eßverhalten protokollieren. Sie können auch die Vorlage auf Seite 36 mehrfach kopieren und die einzelnen Blätter zu einem kleinen »Buch« zusammenheften bzw. die einzelnen Seiten in einem Ordner sammeln. Achten Sie auf jeden Fall darauf, ein solches Einzelblatt bzw. das Heft immer bei sich zu tragen, egal wo Sie sich aufhalten. Die Grundregeln für das Führen eines Tagebuchs sind ganz einfach:

- ▶ Schreiben Sie für jeden Tag genau auf, was Sie gegessen und getrunken haben; je genauer Sie die Mengen angeben, desto besser.
- ▶ Schreiben Sie auf, zu welchen Gelegenheiten Sie eigentlich hätten essen oder trinken wollen oder sollen, es aber vermieden haben.
- ▶ Tragen Sie das Tagebuch immer bei sich. Nehmen Sie es sogar mit auf die Toilette. Schreiben Sie alles in dem Moment auf, in dem es passiert. Das gibt Ihnen später die klarste Vorstellung davon, was zu der Zeit gerade vorging.
- ▶ Machen Sie sich keine Gedanken darüber, wie gut oder schlecht Ihre Handschrift ist.
- ▶ Schreiben Sie keinen Roman: Versuchen Sie, eine Art »Kurzschrift« für sich zu entwickeln, in der Sie alles aufschreiben, was vorgefallen ist, auch die Begleitumstände des Essens.

Vorlage für das Ernährungstagebuch

Zeit	Auslöser (vorangegangene Gedanken und Gefühle)	Verhalten (was wurde gegessen)	F*	E*	A*	Konsequenzen (nachfolgende Gedanken und Gefühle)

* F = Freßattacke / E = Erbrechen / A = Abführmittel

▶ Warten Sie mit dem Tagebuchschreiben nicht bis zum Abend, weil die Notizen dadurch viel ungenauer werden.

Bis Sie einige Übung im Tagebuchführen haben, können Sie es auch erst einmal in Etappen angehen. Fangen Sie einfach damit an, eine oder zwei Wochen lang nur zu notieren, was Sie gegessen haben, danach weiten Sie es auf die im folgenden beschriebene AVK-Methode aus.

- A steht für *Auslöser* und beleuchtet die Vorgeschichte. Notieren Sie:

– Wo waren Sie, als Sie gegessen haben? Was passierte zu dem Zeitpunkt (d.h., waren Sie alleine oder mit anderen zusammen, zu Hause oder bei der Arbeit etc.)
– Woran dachten Sie vorher?
– Wie haben Sie sich vorher gefühlt?

- V steht für *Verhalten*. Notieren Sie:

– Was und wieviel haben Sie gegessen?
– Dachten Sie, Ihr Essen war eine Freßattacke (F)?
– Haben Sie sich erbrochen und wenn ja, wie oft (E)?
– Haben Sie Abführmittel oder Entwässerungstabletten eingenommen und wenn ja, in welchen Mengen (A)?

- K steht für *Konsequenzen*. Schreiben Sie auf:

– Was waren die kurz- und langfristigen Auswirkungen – positive wie negative – auf Ihre Gedanken, Ihre Gefühle und Ihr Verhalten?

Oft sind die Konsequenzen wieder Auslöser für einen neuen AVK-Zyklus, so daß Sie folgende Verhaltenskette erstellen können:

Auslöser → Verhalten → Konsequenzen → Auslöser → Verhalten ...
(Gedanken/ (positive/negative (Gedanken/
Gefühle) Auswirkungen) Gefühle)

Es handelt sich bei dieser Übung um eine gewisse Detektivarbeit, deren schwierigster Aspekt sein wird, sich die auslösenden Gedanken und Gefühle bewußt zu machen. In Kapitel 10 werden die Denkfallen beschrieben, die häufig bei Eßstörungen auftreten. Die meisten auslösenden Gedanken und Gefühle sind unangenehm, und Sie ziehen es vielleicht vor, sich nicht damit zu beschäftigen. Aber die Energie, die Sie benötigen, um diese Gedanken und Gefühle auszublenden, wirkt sich langfristig nachteilig auf Ihr Wohlbefinden aus. Obwohl diese Gedanken und Gefühle schmerzhaft sein können, sind sie notwendige und wichtige Signale, die anzeigen, daß einige Aspekte Ihres Lebens neu zu überdenken sind.

Im folgenden haben wir Tagebuchbögen einer unserer Patientinnen abgedruckt:

Annas Ernährungstagebuch

1. Woche
Datum:_____

ZEIT	AUSLÖSER	VERHALTEN	F*	E*	A*	KONSEQUENZEN
	(vorangehende Gedanken und Gefühle)	(was habe ich gegessen)				(nachfolgende Gedanken und Gefühle)
8.00	Fühle mich noch voll von gestern.	Haferflocken				Mußte mich anstrengen, heute keine Eßattacke zu bekommen.
12.00	Bin hungrig.	1 Apfel				Immer noch hungrig, darf aber nicht mehr essen, sonst bekomme ich einen Freßanfall.
15.00	Anruf von Johannes, daß er spät nach Hause kommt.	1 kg Weintrauben 2 Riegel Schokolade			+	Fühle mich von mir selbst angewidert. Ich bin ein hoffnungsloser Fall.
18.00	Zu Hause sind keine Eßvorräte. Mußte einkaufen gehen. Konnte nicht aufhören, Massen von Süßigkeiten in den Einkaufswagen zu packen. Aß Mengen davon im Auto.	Erdnüsse und Schokolade	+	+		Bin sehr sauer auf mich. Ich fühle mich so einsam!
19.00	Mußte zu Hause sofort weiteressen	2 Portionen Hühnerfrikasee mit Reis 3 Schokoladenriegel	+	+		Total erschöpft, bin früh ins Bett gegangen.

*F = Freßattacke / E = Erbrechen / A = Abführmittel

Annas Ernährungstagebuch

4. Woche
Datum:_____

ZEIT	AUSLÖSER	VERHALTEN				KONSEQUENZEN
	(vorangehende Gedanken und Gefühle)	(was habe ich gegessen)	F*	E*	A*	(nachfolgende Gedanken und Gefühle)
8.00		Hüttenkäse 2 Scheiben Toast mit Honig				Das habe ich genossen.
11.00		Apfel				
12.30		Gebackene Kartoffel und Thunfisch				In der Kantine gegessen. Meine Kollegin Tina sagte: »Du bist ja eine Ewigkeit nicht mehr hier gewesen!« Hätte wegrennen mögen, fühlte mich von allen angestarrt.
15.00		Joghurt, Müsliriegel				
18.00		1 Scheibe Toast				
19.00	Hatte Nachtisch nicht eingeplant. Johannes schlug Eis vor. Zuerst wollte ich nein sagen, aber ich wußte, daß ich sonst den Rest der Packung essen würde. Also aß ich eine Portion und genoß es zusammen mit Johannes.	Fisch und Gemüse Eiskrem				Johannes räumte den Rest weg und machte Kaffee, den wir zur Entspannung auf dem Sofa tranken. Nicht abgewaschen.

* F = Freßattacke / E = Erbrechen / A = Abführmittel

Obwohl das Tagebuchführen nur wenige Minuten dauert, werden Sie die täglichen Eintragungen doch lästig finden und manchmal sogar ärgerlich. Beginnen Sie an einem Tag, an dem Sie nicht so beschäftigt sind. Es ist besser, an einem oder zwei Tagen in der Woche vollständige Eintragungen zu machen, als eine Woche lang sehr lückenhafte Notizen.

Wir haben festgestellt, daß Menschen sehr unterschiedlich darauf reagieren, solch ein Tagebuch zu führen. Vielleicht gehören Sie ja zu denen, die gerne Tagebuch schreiben und die es als einen vertrauten, zuverlässigen Freund ansehen, dem Sie sich problemlos anvertrauen können. Gut. Dann werden Sie keine Schwierigkeiten mit dieser Methode haben.

Aber möglicherweise verabscheuen Sie aus vielerlei Gründen das Führen eines Tagebuchs: Sie finden es einfach langweilig; oder Sie finden es sehr beängstigend, beschämend; unter Umständen ist es für Sie auch sehr schwierig, sich damit auseinanderzusetzen, was Sie sich selbst antun; vielleicht machen Sie sich Sorgen, daß jemand das Tagebuch finden könnte; oder Sie denken, daß sich Ihr Zustand verschlimmern wird, wenn Sie sich so sehr auf Ihre Ernährung konzentrieren. Nach jeder Eßattacke wird die Versuchung um so größer sein, mit dem Tagebuchführen aufzuhören. Versuchen Sie aber, daran festzuhalten und dabei so ehrlich wie möglich zu sein. Es ist eine Tatsache, daß die Überwindung der Eßstörung auch die Auseinandersetzung mit angstauslösenden Gefühlen, Gedanken und Verhaltensweisen umfaßt. Je eher Sie sich daran gewöhnen, desto besser.

Die Erfahrung zeigt, daß manchen Menschen allein das Führen eines Tagebuches hilft, ihre Eßgewohnheiten zu regulieren, was dann auch zu beachtlichen Fortschritten führt. Für andere ist es allerdings nicht so einfach.

Sandra litt an einer schweren Magersucht (Anorexia nervosa). Sie verbrachte lange Zeit im Krankenhaus, und ihr Gewicht erreichte wieder den Stand, den es vor ihrer Krankheit hatte. Nach ihrer Entlassung litt sie jedoch unter andauernden, sehr unangenehmen Eßattacken. Mehrmals am Tag erbrach sie sich, und täglich schluckte sie ca. 150 Abführtabletten. Sie führte ihr Ernährungstagebuch mit einem fast religiösen Eifer, war es doch das einzige, was ihr das Gefühl gab, über ihr Chaos wenigstens noch einen Rest von Kontrolle zu besitzen. Nachdem sie ihr Tagebuch vier Monate lang geführt hatte (und sich sehr bemüht hatte, an ihrem Eßproblem zu arbeiten), schien es ihr allerdings, als sei alles beim alten geblieben. Warum sollte sie also weitermachen? Sandra wurde daraufhin gebeten, noch einmal ihr Tagebuch durchzugehen und eine Liste über die Anzahl ihrer Eßattacken, das Herbeiführen von Erbrechen und die tägliche Menge von Abführmitteln aufzustellen.

Sandras Abführmittel-Tabelle

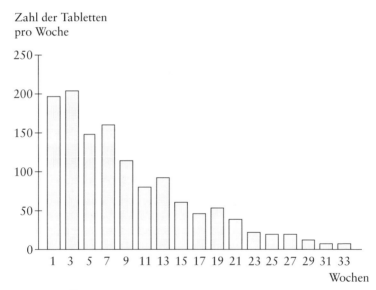

Zu ihrer Überraschung entdeckte sie, daß hinsichtlich aller Symptome ihrer Eßstörung Fortschritte zu erkennen waren, am deutlichsten bei dem Gebrauch von Abführmitteln, der sich auf ca. 60 Tabletten reduziert hatte. Aber auch die Eßattacken und das Erbrechen wurden langsam weniger.

Sie werden vielleicht sagen, wie konnte es passieren, daß sie solch eine auffällige Verbesserung nicht bemerkte? Nun, so etwas geht sehr leicht, besonders wenn man einen schlechten Tag hat, wenn alles düster aussieht, aber auch, wenn sich Veränderungen über einen längeren Zeitraum erstrecken. Sandra beschloß, die Tabelle in ihrem Schlafzimmer aufzuhängen, so daß sie daraus Kraft schöpfen konnte, wenn sie das Gefühl bekam, daß sich nichts änderte.

Eine neue Problemlösungsstrategie zur Bewältigung alter Schwierigkeiten

Sie werden erfahren, daß Sie allmählich neue Handlungsmuster entwickeln müssen, wenn Sie sich zur Bewältigung der Schwierigkeiten des Lebens nicht auf die Verhaltensmuster der Bulimie zurückziehen wollen. Die Fähigkeit, Entscheidungen zu fällen und Probleme zu lösen, sei es im großen oder kleinen, erfordert eine bestimmte Fertigkeit. Die Art, wie Menschen Probleme lösen, ist unterschiedlich. Manche tun es einfach intuitiv, sie tun, was sie gefühlsmäßig für richtig halten oder was mit bestimmten »Regeln« übereinstimmt, an denen sie ihr Leben ausrichten. Andere tun es hauptsächlich, indem sie die vernünftigste Lösung zu finden versuchen. Es gibt keine richtige oder falsche Methode, und wir alle benutzen eine Kombination von beiden.

Die folgenden sieben Schritte können Ihnen ein nützlicher Leitfaden sein, wenn Sie neue Wege suchen, mit den Anforderungen des Lebens und dem damit verbundenen Streß zurechtzukommen, ohne sich auf Ihr bulimisches Verhalten zurückzuziehen.

Schritt 1: *Problemdefinition.* Worin genau besteht das Problem? Das mag vielleicht trivial klingen, aber Sie müssen es sehr sorgfältig definieren.

Schritt 2: *Mögliche Lösungsstrategien.* Viele Menschen kommen nicht weiter, weil sie die Anzahl der in Betracht kommenden Alternativen zu schnell begrenzen. Schieben Sie alle Zwänge beiseite und versuchen Sie, so viele Lösungen wie möglich zu finden. Lassen Sie Ihrer Phantasie freien Lauf. Verwerfen Sie keinen Gedanken, nur weil er egoistisch, verrückt, unrealistisch oder weit hergeholt scheint. Schreiben Sie alles auf, was Ihnen in den Sinn kommt.

Schritt 3: *Genaue Betrachtung der Lösungsstrategien.* Betrachten Sie jede Lösungsmöglichkeit im einzelnen. Gehen Sie bei jeder Alternative, die Sie gefunden haben, alle Pro- und Kontra-Argumente durch, auch bei denjenigen, die Ihnen dumm vorkommen.

Schritt 4: *Wahl der geeigneten Problemlösung.* Nachdem Sie Schritt 3 hinter sich haben, sollten Sie eine klarere Vorstellung davon haben, was für Sie richtig und falsch ist. Wenn Sie sich immer noch nicht sicher sind, welche die richtige Alternative für Sie ist, müssen Sie zu Schritt 2 zurückgehen und sich noch mehr Lösungen ausdenken. Oder vielleicht sind Sie auch noch nicht bereit, eine Lösung für das von Ihnen definierte Problem zu finden? Können Sie das Problem für eine Weile ruhen lassen? Was wären die Vor- und Nachteile dieser Möglichkeit?

Schritt 5: *Umsetzung in die Praxis.* Durchdenken Sie alle Schritte, die nötig sind, um Ihre Lösung zu realisieren.

Schritt 6: *Durchführung.* Setzen Sie Ihre Lösungsstrategie Schritt für Schritt um.

Schritt 7: *Überprüfung des Ergebnisses.* Überprüfen Sie das Endergebnis, um sicherzugehen, daß Ihre Lösung dem Problem auch wirklich angemessen war.

In Kapitel 14 werden wir erörtern, wie man Problemlösungsstrategien bei beruflichen Entscheidungen anwendet. Hier ist ein Beispiel, wie sich ein Beziehungsproblem mit dieser Methode angehen läßt:

Andreas Freund Jan hatte sich von ihr getrennt. Kurz darauf begann Thomas, einer ihrer alten Freunde, sie täglich anzurufen und regelmäßig zu besuchen. Ihre Eltern, die Jan überhaupt nicht gemocht hatten, unterstützten diese Entwicklung. Ihre Mutter sagte Andrea wiederholt, wie nett Thomas sei, und sie lud ihn nach Hause ein, ohne Andrea davon zu erzählen. Andrea hatte die Trennung von Jan durcheinander und aus dem Gleichgewicht gebracht. Sie war wütend über die Versuche ihrer Mutter, sie mit Thomas zu verkuppeln, und genervt, aber auch geschmeichelt von Thomas' Aufmerksamkeit. Sie hatte das Gefühl, daß sie dem Druck, den sowohl ihre Mutter als auch Thomas auf sie ausübten, nur schwer widerstehen könnte. Dann erinnerte sie sich an die oben beschriebene Problemlösungsstrategie.

Andrea ging folgendermaßen vor:

Schritt 1: Problemdefinition. »Mein Problem ist, daß ich nicht weiß, was ich will. Ein Teil von mir weiß, daß ich noch nicht bereit bin, mich auf eine neue Beziehung einzulassen. Außerdem brauche ich Abstand und Zeit, um über Jan hinwegzukommen, der mich sehr verletzt hat. Ein anderer Teil von mir denkt, daß Thomas vielleicht gut für mich ist, auch weil meine Mutter ihn gutheißt, deren Urteil ich auf anderen Gebieten vertraue. Da mich Thomas ganz offensichtlich sehr mag, wäre es vielleicht dumm von mir, ihn zurückzuweisen.«

Schritt 2 und 3: Mögliche Lösungsstrategien und genaue Betrachtung.
  Andrea schrieb die folgenden möglichen Lösungen auf:

a) »Thomas' Freundin werden. Vorteile: Alle wären glücklich, ich würde mich weniger unter Druck gesetzt fühlen, und ich hätte jemanden, der sich um mich kümmert. Nachteile: Auf

lange Sicht gesehen wäre ich wahrscheinlich genauso unzufrieden und gelangweilt wie früher, als ich schon einmal mit Thomas zusammen war.
b) Thomas nie wieder sehen und jedesmal, wenn er anruft, den Hörer auflegen. Vorteil: Das würde Abstand schaffen und den Druck verringern. Nachteil: Ich würde auf jeden Fall einen guten Freund verlieren.
c) Es vermeiden, nach Hause zu meinen Eltern zu gehen, bis sie akzeptiert haben, daß ich nicht mit Thomas zusammensein möchte. Vorteil: Wiederum würde der Druck vermindert. Nachteile: Ich würde meine Eltern vermissen. Ich gehe gerne nach Hause und schätze den Rat meiner Mutter in den meisten Fällen.
d) Jan bitten, einen Neuanfang zu machen. Vorteil: Wenn er darauf einginge, wäre ich unglaublich glücklich. Nachteil: Wenn er nein sagte, wäre ich noch verletzter als im Moment.
e) Einen anderen Freund finden. Vorteil: Das wäre wie ein völliger Neuanfang. Nachteile: Nette neue Freunde sind nicht so leicht zu finden. Außerdem glaube ich nicht, daß ich im Augenblick irgend etwas für einen neuen Menschen empfinden kann.
f) In den Südpazifik fliehen. Vorteile: Ich wäre weg von all dem Elend, und die neuen Eindrücke würden mir helfen, über meinen Schmerz hinwegzukommen. Nachteile: Ich habe nicht das Geld. Reisen kann außerdem eine sehr einsame Angelegenheit sein, besonders wenn man sich nicht gut fühlt.
g) Einen Selbstmordversuch mit Tabletten unternehmen. Vorteile: Jan würde dann einsehen, wie sehr er mich verletzt hat. Obwohl er wahrscheinlich seine Meinung über unsere Trennung nicht ändern würde, hätte ich die bittere Befriedigung, mich an ihm gerächt zu haben. Das würde ihm eine Lektion erteilen. Nachteile: Ich habe wirklich Angst vorm Sterben. Und was, wenn der Versuch mißlingen würde? Vielleicht wäre meine Gesundheit ernsthaft geschädigt, und ich würde künftig nur noch vor mich hin vegetieren. Ich würde mich sehr schämen, einen Selbstmordversuch unternommen zu haben. Ich würde meine Eltern, meine Schwestern und eine

Reihe von Freunden sehr verletzen, die in der letzten Zeit alle sehr nett zu mir waren.
h) Umziehen und eine Geheimnummer beantragen, damit mich keiner finden kann. Vorteil: Es würde bestimmt den Ärger vermindern. Nachteile: Ich möchte nicht umziehen, und ich brauche Freunde und Unterstützung.
i) Meiner Mutter erklären, daß ich ihre Meinung in vieler Hinsicht schätze, ich aber diesmal glaube, daß sie Unrecht hat, wenn sie versucht, an meiner Stelle eine Entscheidung zu treffen. Thomas erklären, daß ich keine Liebesbeziehung zu ihm möchte, aber weiterhin gern unsere Freundschaft aufrechterhalten will. Vorteile: Ich könnte weiterhin Unterstützung von meinen Eltern und Thomas erhalten. Ich bekäme Abstand, um über Jan hinwegzukommen. Nachteile: Es könnte ziemlich schwierig werden, mit meiner Mutter und Thomas zu sprechen, und ich laufe Gefahr, ihnen weh zu tun. Ich werde weiterhin sehr viel Trauer wegen Jan empfinden und davon nicht sofort erlöst werden.«

Schritt 4: Wahl der geeigneten Problemlösung. Beim näheren Betrachten der verschiedenen Möglichkeiten stellte Andrea fest, daß sie nicht Thomas' Freundin werden wollte, und sie wies Möglichkeit a strikt von sich. Sie lehnte auch die Lösungen b, c, e, f, g und h ab, weil alle ihrer Meinung nach etwas mit Weglaufen zu tun hatten. Die zwei Lösungen d und i blieben noch übrig. Sie fühlte sich immer noch sehr zu ihrem alten Freund Jan hingezogen, und deshalb erwog sie diese Möglichkeit genauer:

»Möglichkeit d: Jan um einen Neuanfang bitten. Vorteil: Wenn er darauf einginge, wäre ich unglaublich glücklich. Wäre ich das wirklich? Ich wäre immer noch sehr verletzt über die Art und Weise, wie er mir gesagt hat, er wolle mich nicht mehr sehen, und ich hätte Angst, daß er sich wieder entschließen könnte, mich wie eine heiße Kartoffel fallenzulassen. Nachteil: Wenn er nein sagen würde, wäre ich noch verletzter als jetzt. Könnte ich es wirklich ertragen, noch einmal von ihm zurückgewiesen zu werden?«

Andrea war sich immer noch nicht sicher, ob sie diese Lösung wählen sollte oder nicht. Sie beschloß, zwei Wochen lang zu warten, und wenn sie danach immer noch den Wunsch hätte, mit Jan Kontakt aufzunehmen, dann würde sie es vielleicht tun.

Sie erwog dann Möglichkeit 1. Nichts sprach dagegen, diese Lösungsmöglichkeit gleich in die Tat umzusetzen. »Was auch immer mit Jan passiert, ich muß zunächst die Dinge mit meiner Mutter und Thomas klarstellen.«

Schritt 5 und 6: Umsetzung in die Praxis und Durchführung.
Sie beschloß, zunächst mit Thomas zu sprechen, was ihr – wie sie wußte – leichter fallen würde. Sie sagte ihm, daß ihr seine Freundschaft viel bedeute, und daß das auch immer so sein werde, daß sie aber den Eindruck habe, daß er mehr von ihr wolle. Sie sagte ihm, daß sie nicht wieder seine Freundin werden wollte, besonders, weil sie im Moment noch sehr an der Beziehung mit Jan zu knabbern habe.

Sie wußte, daß es ihr schwerfallen würde, mit ihrer Mutter zu sprechen, und als Vorbereitung notierte sie auf einem Zettel, was sie ihr sagen wollte: »Mutti, ich muß mit Dir über etwas reden, das mich bedrückt. Du weißt, daß ich immer noch sehr durcheinander bin wegen Jan, und Dein geduldiges Zuhören war eine große Hilfe für mich. Aber da ist eine Sache, die nicht sehr hilft. Du lädst Thomas immer wieder ein, um mich aufzumuntern, aber das funktioniert einfach nicht. Es würde mir mehr helfen, wenn Du damit aufhörtest.« Sie überlegte, wie ihre Mutter darauf reagieren könnte. Es bestand ein gewisses Risiko, daß ihre Mutter sich sehr aufregen und ärgern würde. Andrea dachte, daß es entscheidend wäre, den richtigen Augenblick für diese Unterhaltung zu wählen, und daß ihre Mutter, auch wenn sie sich aufregte, ihr das nicht für den Rest des Lebens nachtragen würde. Sie wartete, bis sie und ihre Mutter an einem Samstagnachmittag allein zu Hause und beide ziemlich entspannt waren, um sie dann anzusprechen. Wie sie vorhergesehen hatte, regte sich ihre Mutter sehr auf und sagte, daß sie ihr doch nur helfen wollte. Andrea werfe ihr Kuppelei vor, was sie nie versucht habe, und in Zukunft solle sie allein mit ihren Problemen fertigwerden.

Schritt 7: Überprüfung. Andrea war ziemlich erschüttert, als sie ihre Mutter verließ, aber dennoch überzeugt, das Richtige getan zu haben. Ihre Mutter hörte tatsächlich auf, Thomas einzuladen und ihn zu erwähnen, und zwei Wochen später entschuldigte sie sich sogar bei Andrea für den Versuch, sich in ihr Leben einzumischen. Thomas rief Andrea weiterhin häufig an, aber irgendwie hatte ihre Unterhaltung die Lage geklärt, und sie fühlte sich durch seine Anrufe nicht mehr unter Druck gesetzt.

Andreas Beispiel zeigt, daß es oft keine einfache geradlinige Lösung für ein Problem gibt und daß man bei der Entscheidung für eine Lösungsmöglichkeit gleichzeitig immer auch einige Risiken und Probleme in Kauf nehmen muß.

3.
Diäten – ein Gesundheitsrisiko

Die Schönheit liegt im Auge der Betrachterin

Die Ansicht darüber, wie die ideale weibliche Figur beschaffen sein sollte, wandelt sich im Laufe der Zeit sehr. Mode lebt von Veränderung. Zu jeder Zeit aber wird nur eine winzige Minderheit von Frauen der jeweiligen modischen Idealfigur entsprechen.

Rosa, einer 17jährigen, hoffnungsvollen Ballettänzerin, wurde vom Direktor ihrer Tanzschule mitgeteilt, daß ihre Technik und ihre Darbietung zwar vorzüglich seien, sie aber ein Problem habe: Ihre Brüste seien zu groß. Ihr wurde nahegelegt, eine Schönheitsoperation ins Auge zu fassen, um ihre Brüste zu verkleinern. Sie war darüber sehr verstört. Schließlich wollte sie irgendwann einmal heiraten und Kinder bekommen. Würde solch eine Verstümmelung ihrer Kunst zuliebe dem entgegenstehen? Eine Schlankheitskur schien die einzige Lösung zu sein. Sie reduzierte ihre Nahrungsaufnahme drastisch, entwickelte dann aber schnell eine Bulimie, so daß ihr Gewicht schließlich stieg, statt zu fallen.

Solche drastischen Botschaften und Lösungsvorschläge fallen nicht nur bei Frauen auf fruchtbaren Boden.

Stephan, ein Bauunternehmer, verlor bei einem Autounfall einen Fuß. Er fing an, sich für Gesundheit und Fitness zu interes-

sieren und ging regelmäßig in ein Fitness-Studio. Dort rieten ihm Freunde, Steroide für den Muskelaufbau einzunehmen. Er tat das, aber seine Eltern und seine Freundin machten sich Sorgen über die Veränderung seiner Persönlichkeit. Er wurde reizbarer und verlor schon bei dem geringsten Anlaß die Geduld. Eines Tages, während einer Autofahrt, wurde er wütend, als ein anderes Auto ihn überholte. Ungeachtet der Einwände seiner Freundin trat er die Verfolgung an. Sie starb bei dem daraus resultierenden Autounfall.

Die Gefahren, Opfer und Verstümmelungen, die Menschen wegen eines vermeintlichen Schönheitsideals auf sich nehmen, sind erstaunlich. Aber vielleicht ist dies ein Teil der menschlichen Natur. Seit dem Verlust des Glaubens an die Götter und das Schicksal werden die Launen und Zufälle der Natur als von dem einzelnen Menschen kontrollierbar angesehen. Wir sagen nicht mehr »Sie ist ein Glückskind« oder »Die Götter haben es gut mit ihr gemeint«. Für jegliche Abweichung von der Norm werden Versagen, Nachlässigkeit und schlechte Gewohnheiten verantwortlich gemacht. »Auch Sie könnten schön sein, wenn Sie sich nur genug bemühten oder genügend Geld und Zeit für Kosmetika, Übungen und chirurgische Eingriffe aufwendeten.«

Was ist Ihr gesundes Gewicht?

Die folgende Tabelle gibt die Gewichtsbandbreite für verschiedene Größen an, in der sich die meisten Menschen wiederfinden können. Ebenso wie bei Körper oder Schuhgröße gibt es beim Gewicht ein breites Spektrum, das als gesund gilt. Manche Leute sind schwerer als andere, genau wie manche größere Füße haben. (Der derzeitige Modetrend zu möglichst geringem Gewicht ist vielleicht nichts anderes als die Mode im alten China, die für Frauen kleine Füße vorschrieb. Die verkrüppelnden Bandagen sind heute durch Diät-Zwangsjacken ersetzt worden.) Nur extremes Über- oder Untergewicht wird mit einem schlechten Gesundheitsheitszustand und einer kürzeren Lebenserwartung in Verbindung gebracht.

Die Bandbreiten des Gewichts

Größe (m)	Normalgewicht (kg)
1.50	45-55
1.52	47-57
1.54	49-59
1.58	52-64
1.60	54-66
1.62	56-68
1.64	58-70
1.66	59-73
1.68	61-75
1.70	63-77
1.72	65-79
1.74	67-81
1.76	68-84
1.78	70-86
1.80	72-88
1.82	74-90

Ihr Gewicht und Ihre Figur werden hauptsächlich von Ihrer körperlichen Veranlagung bestimmt. Die Gene, die Sie geerbt haben und die Ihren Körper programmieren, lassen sich nicht verändern. Und so können Sie das Gewicht und die Körperform, die Sie möglicherweise geerbt haben, herausfinden:

▶ Malen Sie Ihren Stammbaum in Ihr Tagebuch und tragen Sie Größe und Gewicht Ihrer Familienmitglieder ein.

▶ Sammeln Sie Fotos Ihrer Mutter, Ihres Vaters, Ihrer Großmütter, Großväter, Großtanten, Tanten und Onkel, als diese so alt waren wie Sie jetzt, und kleben Sie die Bilder in ein Album.

Edith kommt aus einer korpulenten Familie; ihre Mutter, Tante und Großmutter sind alle untersetzt gebaut. Sie entwickelte früh weibliche Formen und war kräftiger als alle ihre Schulfreundinnen. Als ihre Periode noch in der Grundschule einsetzte, schämte sie sich. Edith begann eine Schlankheitsdiät, als sie auf einer Packung Strumpfhosen las, daß ihr Idealgewicht 13kg unter ihrem damaligen Gewicht lag. Dieses Gewicht erreichte sie nie, denn bald wurde sie bulimisch.

Wenn Sie wie Edith aus einer Familie kommen, in der die meisten Mitglieder pummelig sind, dann liegt Ihr gesundes Gewicht wahrscheinlich am oberen Ende des Normalbereichs.

Muskeln und Knochen sind viel schwerer als Fettgewebe. Wenn Sie also Sportlerin sind und auch der Rest Ihrer Familie athletisch gebaut ist, müssen Sie ebenfalls davon ausgehen, daß Ihr Gewicht am oberen Ende des Normalbereiches liegt. Wenn alle in Ihrer Familie einen starken Knochenbau haben, ist es ebenso wahrscheinlich, daß Ihr Gewicht am oberen Ende des Spektrums liegt.

Für viele an Bulimie Erkrankte bedeutet das Wiedererreichen eines gesunden Gewichts einfach das Wiedererreichen des Gewichts, das sie hatten, bevor ihre Eßstörung begann. Für manche von Ihnen wird es ein harter Brocken sein, dies zu schlucken.

Sind Gewichtsschwankungen normal?

Das Gewicht der meisten Leute schwankt im Laufe der Zeit um 2 kg oder mehr nach oben und unten. Wenn Sie einmal 2 kg zunehmen, heißt das nicht, daß Sie auch weiter zunehmen werden.

Rapide Gewichtsveränderungen sind nicht normal, kommen aber im Zusammenhang mit Bulimie aufgrund von Flüssigkeitsschwankungen (siehe Kapitel 5) vor. Es hat deshalb keinen Zweck, durch tägliches Wiegen zu versuchen, Ihren Körper zu kontrollieren und so zu beherrschen.

▶ Seien Sie mutig: Verschenken Sie Ihre Waage oder verstauen Sie sie an einem schwer erreichbaren Ort (Dachboden oder Keller).

▶ Wenn Sie sich das nicht zutrauen, erstellen Sie einen Zeitplan, um allmählich die Häufigkeit des Wiegens zu verringern.

Sagt das Gewicht etwas über die Gesundheit aus? Nein. Neuere Forschungen haben ergeben, daß das ==Verhältnis Ihres Taillenumfangs zu Ihrem Hüftumfang bessere Hinweise auf Ihre Gesundheit erlaubt als Ihr Gewicht==. Ihr Taillenumfang sollte etwas geringer sein als Ihr Hüftumfang. Die in Mißkredit geratene traditionelle weibliche Birnenform (kleine Brüste, breite Hüften) ist eine Figur, die mit Gesundheit und geringem Krankheitsrisiko in Zusammenhang gebracht wird.

Diäten – wirkungslos und gefährlich

Wir Menschen sind eigentlich aufgrund der Evolution und unserer Gene darauf eingerichtet, uns viel zu bewegen und wenig Fett zu essen. Tatsächlich aber haben die meisten von uns wenig oder gar keine Bewegung, und unsere Nahrung enthält sehr viel Fett. In der Werbung werden Produkte mit hohem Fettgehalt als etwas Besonderes, Luxuriöses, Romantisches oder sogar – mittels superdünner Models – als sexy dargestellt. Mit anderen Worten: Es ist heute im Vergleich zum Leben in der Steinzeit wesentlich einfacher, dick zu werden.

Der größte Druck abzunehmen liegt auf denjenigen Menschen, die aufgrund ihrer Veranlagung zu Übergewicht neigen. Eine Schlußfolgerung, die vor kurzem auf einer Konferenz zum Thema »Fettleibigkeit« von einem herausragenden Wissenschaftler, Dr. Kalucy, gezogen wurde, lautete: *Schlankheitsdiäten funktionieren nicht!* Er rät allen dicken Patienten und Patientinnen, mit dem Diäthalten aufzuhören und dadurch abzunehmen. Ist das möglich? Ja, denn alle Diäten zur Behandlung von Fettleibigkeit können zwar kurzfristig eine Gewichtsabnahme erzielen, aber in der Regel erhöht sich das Gewicht im Laufe der Zeit wieder auf seinen normalen höheren Wert.

▶ Gehen Sie zu einer Buchhandlung in Ihrer Nähe und sehen Sie, wie viele Bücher und Zeitschriften es zu dem Thema »Abnehmen« und »Diät« gibt. Wie kann es einen so großen Markt für diese Artikel geben?

Warum werden jedes Jahr neue Diäten und Diätbücher herausgebracht?

Weil sie alle nicht funktionieren. Abnehmen wird vermarktet wie jedes andere Hobby auch, und es kann Sie ein Leben lang in seinem Bann halten. Sogar Ärzte werden von dieser Propaganda beeinflußt und weisen Sie unter Umständen darauf hin, daß ein geringeres Gewicht gesünder für Sie sei. Es ist ein ideales Szenario für diejenigen, die an der richtigen Stelle sitzen und als Autorität gelten. Sie verlangen etwas von den Menschen, das zwar einfach aussieht, aber unmöglich zu schaffen ist. Das Versagen bei solch einer Aufgabe demoralisiert Sie und erhöht im gleichen Maße den Respekt vor diesen Autoritäten.

Julia ging wegen eines Fußproblems zu ihrem Hausarzt. Er wog sie und sagte, daß sie Übergewicht habe. Sie begann eine Schlankheitsdiät und nahm ab, entwickelte aber bald eine Bulimie. Zwanzig Jahre später stellte sie sich bei einer Spezialklinik vor. Ihre Zähne waren kaputt, und die Chirurgen rieten ihr dazu, ihren Dickdarm entfernen zu lassen, um Verstopfung und Bauchschmerzen zu behandeln, die das Ergebnis eines ständigen Abführmittelmißbrauchs waren.

Eine umfangreiche amerikanische Studie, veröffentlicht im *New England Journal of Medicine*, hat neue Belege dafür gefunden, daß Menschen, deren Gewicht häufig oder stark schwankt, die also häufig Diäten machen, stärker gefährdet sind, an Herzkrankheiten zu sterben. Die Schlußfolgerung aus dieser Studie besagt, daß das Risiko eines frühen Todes bei denjenigen, die viele Schlankheitskuren machen, genauso hoch ist, wie bei denjenigen, die massives Übergewicht haben. Das gilt in besonderem Maße für die jüngste Gruppe von Patientinnen und Patienten.

Gesundheitliche Risiken durch Diäten

Gewichtsverlust hat tiefgreifende Auswirkungen auf Ihre körperliche und seelische Gesundheit.

Die Auswirkungen von Hunger auf den Körper

- Kälteempfindlichkeit: Dazu gehören auch kalte Extremitäten, bis hin zu Frostbeulen.
- Schlafstörungen: frühes Aufwachen und mehrfaches Aufwachen während der Nacht.
- Blasenschwäche: häufiges Wasserlassen, tagsüber und nachts.
- Vermehrter Körperhaarwuchs.
- Schlechter Kreislauf, niedriger Puls und Ohnmachtsanfälle.
- Poröse Knochen: Im Laufe der Zeit kann dies zu Knochenbrüchen, Verformungen und Schmerzen führen.
- Die Menstruation bleibt aus oder wird unregelmäßig. Normalerweise kann eine Frau nur dann ihre Periode haben, wenn mindestens 15% ihres Körpers aus Fett besteht.
- Der Magen schrumpft und fühlt sich selbst nach einer kleinen Mahlzeit unangenehm gedehnt an.
- Die Darmfunktion ist eingeschränkt. Dies kann zu Verstopfung führen.
- Das Knochenmark, in dem rote und weiße Blutkörperchen gebildet werden, arbeitet langsamer, was zu Anämie (Mangel an roten Blutkörperchen) führen kann.
- Bei fehlender Nahrung erhält auch die Leber weniger Nährstoffe und wird dadurch so geschädigt, daß sie kein Körpereiweiß mehr herstellen kann. Dies kann zum Anschwellen der Fußgelenke und Beine führen.
- Der Cholesterinspiegel im Blut ist erhöht. Dies liegt an einem Mangel an Östrogenen (weiblichen Hormonen) und an der anormalen Leberfunktion (Frauen werden vor den Wechseljahren durch Östrogen vor Herzinfarkten geschützt).
- Allgemeine Müdigkeit, die zu Muskelschwäche und Lähmungen führen kann.

- Bei jungen Mädchen kann das Wachstum gehemmt und die Pubertät verzögert werden.

Die Auswirkungen von Hunger auf die Seele

- Die Stimmung kann sehr gedrückt sein; Sie können leicht in Tränen ausbrechen und pessimistisch sein.
- Die Gedanken drehen sich ums Essen, und oft besteht ein starker Drang, zuviel zu essen.
- Die Fähigkeit und das Interesse, Beziehungen einzugehen, sind vermindert.
- Die Konzentration ist schlecht, und es ist schwierig, etwas mit voller Leistungskraft zu tun.
- Kleinere Probleme können unüberwindbar scheinen.
- Komplexes Denken wird beeinträchtigt.

Wenn Ihnen solche Listen zu trocken und langweilig erscheinen, können Sie auch in Romanen die vielfältigen und quälenden Folgen des Hungerns lebensnah beschrieben finden. Damit Sie sich ein Bild machen können von den Einflüssen auf das menschliche Denken und Handeln, schlagen wir Ihnen vor, folgendes zu lesen: *Ein Tag im Leben des Iwan Denissowitsch* von Alexander Solschenizyn, Kurt Vonneguts *Schlachthof 5* oder *Hunger* von Knut Hamsun.

Sie werden vielleicht sagen: »Ich habe tatsächlich abgenommen, als mein Problem anfing, aber seitdem habe ich wieder zugenommen; können die obengenannten Probleme immer noch auf mich zutreffen?« Die Antwort ist: »Ja, bestimmt.« Denn das übliche Muster ist, daß Sie, wenn Sie gerade keine Eßattacke haben, wahrscheinlich hungern. Wenn Sie mehr als vier Stunden nichts gegessen haben, schaltet Ihr Körper auf Hungerbetrieb um und stellt alle Stoffwechselvorgänge so ein, daß Energie gespart wird.

Was bedeutet eigentlich »normales Essen«?

Wieviel sollte ich essen?

Appetit und Energieverbrauch sind eng miteinander verbunden. Letzterer ist bekannt als Stoffwechselumsatz. Der Körper muß z.B. mehr arbeiten, wenn man Sport treibt oder in einem kalten Klima lebt. Auch hormonelle Veränderungen beeinflussen den Energieverbrauch. Bei Frauen ist der Stoffwechsel während der zweiten Hälfte ihres Menstruationszyklus besonders aktiv, weil sich der Körper auf die Einnistung des Eis vorbereitet. Ein Zeichen für den gesteigerten Energieumsatz ist auch der Anstieg der Körpertemperatur nach dem Eisprung. Vielleicht haben Sie auch schon vor Beginn der Periode einen gesteigerten Appetit festgestellt?

Wie Sie aus dem oben Gesagten ersehen können, gibt es keine einfachen Regeln, die vorgeben, wieviel man essen sollte. Menschen unterscheiden sich durch das Maß an Energie, das sie brauchen, und alle oben erwähnten Faktoren verändern Ihren Energiebedarf. Sobald Sie die Nahrungsaufnahme reduzieren, wird Ihr Körper den Energieverbrauch drosseln, und die Gewichtsabnahme wird schwieriger. Je öfter Sie versuchen, eine Diät zu machen, desto schneller und effizienter wird sich Ihr Körper darauf einstellen, mit weniger Nahrung auszukommen und weniger Kalorien zu verbrauchen. Wir raten Ihnen davon ab, Kalorien zu zählen; orientieren Sie sich an den Essensportionen, die andere zu sich nehmen, oder an den im Handel erhältlichen, wenn Sie sich bezüglich der Mengen unsicher sind.

Wie Sie wieder besser für Ihren Körper sorgen können

Lange Abstände zwischen den Mahlzeiten veranlassen den Körper, auf Speichern umzuschalten, und demzufolge werden ausgewählte Nährstoffe in Depots gelagert, sozusagen in Erwartung einer Hungersnot. Wenn man ausschließlich am Abend ißt, hat das einen ähnlichen Effekt. Zu diesem Zeitpunkt stellen sich die Körperhormone auf eine Zeit ohne Nahrungsaufnahme während des Schlafes ein, deshalb werden die Nährstoffe eingelagert. Solche Depots aber bestehen aus Fett.

Irma zog von Regensburg nach Hannover, um ihren Freund zu heiraten. Bald darauf bekam sie ein Baby und fand es sehr schwer, den Kontakt zu ihren alten Kolleginnen und Bekannten aufrechtzuerhalten. Die Freunde ihres Ehemannes nahmen sie nicht gerade warmherzig auf, und Irma fühlte sich sehr isoliert. Da ihre Familie in Regensburg lebte, hatte sie niemanden, an den sie sich wenden konnte. Ihr Eßverhalten geriet vollkommen durcheinander. Jeden Morgen schwor sie sich beim Aufwachen, nichts zu essen. Sie aß tatsächlich keine Mahlzeiten, aber wenn sie vom Einkaufen nach Hause kam, nachdem sie den ganzen Tag über nichts gegessen hatte, und sah, daß ihr Sohn das Wohnzimmer in ein Chaos verwandelt hatte, stopfte sie zwei bis drei Tüten Kartoffelchips und anschließend Schokolade in sich hinein. Im Gegenzug nahm sie sich vor, den ganzen nächsten Tag erst recht nichts zu essen. Während der ganzen Zeit stieg ihr Gewicht jedoch ständig.

Um *mit* Ihrem Körper zu arbeiten und nicht *gegen* ihn, schlagen wir Ihnen folgendes vor:

- ▶ Essen Sie den Großteil Ihrer Nahrung vor dem Abend.
- ▶ Essen Sie kleine Mengen regelmäßig über den Tag verteilt.
- ▶ Bewegen Sie sich regelmäßig, aber nicht übermäßig.
- ▶ Begrenzen Sie Ihren Fettverbrauch, aber nehmen Sie genügend Proteine und Kohlehydrate zu sich.
- ▶ Vermeiden Sie Mahlzeiten mit mehreren Gängen.

Einen Anfang machen

Der erste Schritt, um Ihre Nahrungsaufnahme unter Kontrolle zu bringen, ist, darauf zu achten, daß Sie tagsüber in regelmäßigen Abständen essen. Sie sagen vielleicht: »Wenn ich morgens anfange zu essen, werde ich den ganzen Tag weiter unkontrolliert essen.« Ja, Sie haben Recht, es kann eine kurze Phase geben, während der Sie unfähig sind, nach einer Mahlzeit mit dem Essen aufzuhören, und Sie müssen besondere Vorsichtsmaßnahmen ergreifen. Aber das Ziel, regelmäßig über den Tag verteilte Mahlzeiten zu sich zu nehmen, ist unbedingt anzustreben, damit Sie Ihre Bulimie aufgeben können.

Zu diesem Zeitpunkt sollten Sie nicht versuchen abzunehmen. Wenn Sie das tun, wird der Teufelskreis der Bulimie einfach aufrecht erhalten. Sie sagen vielleicht: »Ich kann den Versuch abzunehmen nicht aufgeben. Es ist zu wichtig.« Sie haben Recht, es ist hart, etwas aufzugeben, das Ihnen sehr viel bedeutet. Vielleicht ist es am leichtesten, Sie überreden sich selbst, das Abnehmen eine Weile (einen Tag, eine Woche, einen Monat, sechs Monate am Stück) auf Eis zu legen. Auf diese Art und Weise ist es weniger beängstigend.

Und noch etwas: Erst regelmäßiges Essen kann Ihnen dabei helfen, Ihr Gewicht zu halten oder sogar zu verringern.

Plan A – wenn Sie keinerlei feste Eßgewohnheiten haben

Wenn Ihre Eßgewohnheiten vollkommen chaotisch sind, setzen Sie sich zum Ziel, nach und nach jeweils eine geregelte Mahlzeit zu sich zu nehmen. Könnten Sie es z.B. mit einer Folienkartoffel und Hüttenkäse zum Mittagessen versuchen? Stecken Sie sich nicht zu ehrgeizige Ziele, aber seien Sie auf alle Fälle ehrlich zu sich selbst. Wählen Sie etwas, bei dessen Verzehr Sie sich sicher fühlen, und treffen Sie am besten Vorsichtsmaßnahmen, um die Mahlzeit beenden zu können. Sind Sie in der Lage zu versprechen, dieses Nahrungsmittel jeden Tag zu essen? Gehen Sie davon aus, daß Sie zwei Schritte vor und einen zurück machen werden. Jede normale Mahlzeit, die Sie zu sich nehmen, ist ein Sieg.

▶ Erstellen Sie eine Liste von zehn kleinen Mahlzeiten, von denen Sie glauben, daß es Ihnen am leichtesten fällt, sie zu essen.

▶ Ordnen Sie sie dem Schwierigkeitsgrad nach, mit der schwierigsten Mahlzeit am Ende der Liste.
▶ Planen Sie zunächst, die für Sie leichteste Mahlzeit irgendwann tagsüber vor 15:00 Uhr zu essen.

Wie können Sie sicherstellen, daß das nicht zu einer Eßattacke führt? Fragen Sie sich:

– Könnte ich diese Mahlzeit mit jemandem zusammen einnehmen?
– Könnte ich diese Mahlzeit in einer Kantine oder in einem Café zu mir nehmen?
– Könnte ich mir irgend etwas, das ich gerne mache, für die halbe Stunde nach meiner Mahlzeit vornehmen?

Ihre Angst- und Schuldgefühle vor, während und nach dieser Mahlzeit können sehr groß sein.

Wie man mit Angst- und Schuldgefühlen umgeht

▶ Nehmen Sie Papier und Bleistift oder ein Notizbuch.
▶ Ziehen Sie eine senkrechte Linie und unterteilen Sie sie von 0 - 10 (0 = keine Angst/Schuldgefühle, 10 = totale Panik oder überwältigende Schuldgefühle).
▶ Markieren Sie, auf welcher Stufe Sie Ihr derzeitiges Angst-Schuld-Empfinden sehen.
▶ Markieren Sie alle fünf Minuten den Grad Ihrer Angst-/Schuldgefühle, während Sie essen und während der folgenden zwei Stunden.
▶ Welche Gedanken sind es genau, die Ihnen jetzt durch den Kopf gehen und die zu diesen Gefühlen führen? Diese Gedanken sind vielleicht vage und verworren – das macht nichts. Schreiben Sie sie auf, auch wenn sie unvollständig, beängstigend oder dumm erscheinen.
▶ Versuchen Sie, die Liste während der nächsten Stunden zu erweitern.
▶ Am nächsten Tag, wenn Sie Ihre Mahlzeit zu sich nehmen, holen Sie Ihr Buch heraus und wiederholen Sie diesen Vorgang, und so auch an jedem folgenden Tag.

- ▶ Später, wenn Sie entspannt sind, holen Sie das Notizbuch oder Papier hervor, und lesen Sie noch einmal die Gedanken, die Sie aufgeschrieben haben.
- ▶ Zeigen Sie sie einer engen Freundin oder einem engen Freund, oder stellen Sie sich vor, daß Sie sie ihnen zeigen würden.
- ▶ Was würden diese Menschen zu Ihren Gedanken über das Essen sagen?
- ▶ Bitten Sie sie, dieses Kapitel zu lesen. Was würden sie jetzt über Ihre Gedanken sagen?
- ▶ Schreiben Sie in Ihrem Buch genau auf, was Ihr Freund/Ihre Freundin dazu sagt oder sagen würde.
- ▶ Zu jeder Antwort, zu jedem Gedanken über Essen markieren Sie auf einer zweiten Skala von 0 - 10, wie sehr Sie mit den Antworten Ihrer Freunde übereinstimmen (0 = keine Übereinstimmung, 10 = totale Übereinstimmung).
- ▶ Wiederholen Sie diesen Vorgang jeden Tag.
- ▶ Versuchen Sie, jeden neuen Gedanken zu erfassen, der Ihnen durch den Kopf geht, wenn Sie mit Essen konfrontiert sind.
- ▶ Versuchen Sie, sich Ihre eigenen Antworten auf diese Ideen auszudenken.
- ▶ Essen Sie weiterhin jeden Tag genau die gleiche Mahlzeit mit derselben Vorgehensweise, bis Ihr Angstgefühl am Anfang einer Mahlzeit um mindestens zwei Punkte gefallen ist. Dann sind Sie vielleicht bereit, die nächste Mahlzeit Ihrer Liste einzunehmen.
- ▶ Bei der nächsten Mahlzeit auf Ihrer Liste gehen Sie wieder nach demselben Ablauf vor wie zuvor. Wenn Sie zwei Mahlzeiten in Angriff nehmen können, versuchen Sie, jeden Tag zwei Mahlzeiten vor 15.00 Uhr zu sich zu nehmen. Die nächste Etappe besteht darin, zwei Mahlzeiten und eine Zwischenmahlzeit vor 15.00 Uhr zu sich zu nehmen. Machen Sie sich keine Sorgen, wenn Ihre Ernährung im Augenblick ziemlich eintönig ist.

Plan B – wenn Sie eine gewisse Ordnung in Ihren Eßgewohnheiten haben

Wenn Ihre Eßgewohnheiten ziemlich regelmäßig sind, wie groß sind dann Ihre Mahlzeiten? Nehmen Sie genügend Kalorien früh am Tag zu sich?

- Versuchen Sie schrittweise, Ihre Mahlzeiten so zu verschieben, daß Sie mehr Kalorien früher am Tag zu sich nehmen. Ihr Ziel sollte sein, 30 % zum Frühstück und 40 % zum Mittagessen zu essen.

Wie man wieder lernt, kontrolliert zu essen

- Versuchen Sie, in einem anderen Raum zu essen als in dem, wo Sie Ihre Nahrungsmittel aufbewahren und zubereiten.
- Bereiten Sie jede Mahlzeit so appetitlich und attraktiv wie möglich zu.
- Legen Sie eine Tischdecke oder ein Platzdeckchen auf und eine Serviette.
- Decken Sie den Tisch so ansprechend wie möglich.
- Lassen Sie alle Verpackungen, Frischhalteboxen etc. in einem anderen Zimmer, und bringen Sie nur Ihren Teller herein.
- Lenken Sie sich nicht durch Fernsehen, Radio oder Lesen ab. Diese 15 Minuten sind nur dazu bestimmt, den vernünftigen Umgang mit Nahrungsmitteln wieder zu erlernen.
- Bevor Sie mit dem Essen anfangen, nehmen Sie sich 30 Sekunden Zeit, um Ihren Teller zu betrachten. Legen Sie Ihr Besteck nach jedem Bissen ab. Wie sieht der Teller jetzt aus? Achten Sie darauf, wie das Essen schmeckt und wie es sich anfühlt. Lassen Sie sich Zeit, bevor Sie schlucken. Diese Übung dient dazu, wieder zu erlernen, daß Essen mit Genuß verbunden ist.

Was und wann sollte ich essen?

Das Idealziel sind drei Mahlzeiten pro Tag, die kalorienmäßig fast gleich aufgeteilt und bezüglich Eiweiß (z.B. Käse, Eier, Fleisch, Fisch, Bohnen) und Kohlehydraten (z.B. Brot, Nudeln, Kartoffeln, Reis) ausgewogen sind, dazu kleine Zwischenmahlzeiten. Merken Sie sich folgende Tips:
– Eiweiß ist pro Kalorie sättigender als andere Nahrungsmittel.
– Warmes Essen sättigt besser als kaltes.
– Festes Essen ist sättigender als flüssiges.

Achten Sie darauf, daß Sie spätestens nach drei Stunden eine kleine Zwischenmahlzeit, z.B. Obst oder Joghurt, zu sich nehmen.

Hier ist der Diätplan von Sandra, die durch ihre Bulimie zugenommen hatte. Sie war angenehm überrascht, daß sie mit diesem Plan sogar abnahm.

Sandras Diätplan

7.15 Uhr FRÜHSTÜCK
Obstsaft, 1 abgepackte Portion Müsli, 200 ml Milch, 1 Scheibe Vollkornbrot, 1 Portionspaket Margarine, 1 Eßlöffel Marmelade, 1 Kännchen Tee oder Kaffee

10.30 Uhr ZWISCHENMAHLZEIT AM VORMITTAG
Kaffee mit Milch, 1 Stück Obst

12.30 Uhr MITTAGESSEN
Hauptgericht: 1 Stück gegrilltes Fleisch, angemachter Salat oder ein vegetarisches Gericht, Nachtisch: Joghurt, Obstsalat oder Obst, 1 Tasse Kaffee oder Tee

15.30 Uhr ZWISCHENMAHLZEIT AM NACH-MITTAG
Tee mit Milch, 1 Stück Obst oder Joghurt oder 2 einfache Plätzchen

18.30 Uhr ABENDESSEN
Hauptgericht: wie zum Mittagessen, Obst oder Joghurt, 1 Glas Wasser, 1 Tasse Tee mit Milch

BETTHUPFERL
Heißes Getränk mit Milch

▶ Es ist wahrscheinlich einfacher, wenn Sie am Anfang jeden Tag dasselbe essen und erst allmählich Veränderungen vornehmen, so daß Ihre Mahlzeiten nach und nach abwechslungsreicher werden, z.B. Fisch statt Huhn; eine Birne als Zwischenmahlzeit statt eines Apfels etc.
▶ Lassen Sie sich Zeit. Es ist schwer, alte Gewohnheiten zu verändern. Und herauszufinden, wieviel Sie essen sollten, ist ebenfalls schwierig.
▶ Essen Sie gemeinsam mit anderen, und nehmen Sie genauso große Portionen wie sie.
▶ Kaufen Sie portionierte Gerichte (tiefgekühlt oder solche, die sich länger halten).
▶ Vermeiden Sie Süßstoff. Süßstoff liefert Ihrem Körper Fehlinformationen. Ihr Körper wird von dem Süßstoff überlistet, und Jahre des Lernens über die Auswirkung von Nahrungsmitteln auf den Stoffwechsel sind wie ausgelöscht. Ihr Körper lernt: Süßigkeit = keine oder wenig Energie. Da ihr Körper danach strebt, genügend Nahrungsenergie zu bekommen, wird er Sie deshalb instinktiv dazu treiben, große Mengen Süßes zu essen.

Wie Sie Ihre Mahlzeiten beenden können

Es gibt viele Signale, die der Körper benutzt, um das Ende einer Mahlzeit anzuzeigen. Sie alle sind bei einer Bulimie durcheinander gebracht.

- Das Aussehen der Mahlzeit: Alle Lebewesen lernen, allein durch das Aussehen der Nahrung vorherzusagen, wieviel Energie und Nährstoffe sie später daraus aufnehmen können.
- Geschmack und Geruch geben unserem Körper Hinweise darauf, welche Auswirkung ein bestimmtes Nahrungsmittel auf unseren Blutzuckerspiegel haben wird.
- Das Völlegefühl in unserem Magen ist ein weiteres Zeichen, daß wir genug haben.
- Schließlich ist der Hunger für mehrere Stunden durch die in den Blutkreislauf aufgenommenen Nährstoffe gestillt.

Da diese normalen Anzeichen, eine Mahlzeit zu beenden, durch die Bulimie gestört wurden, müssen Sie sich vielleicht anfangs Auslöser zum Beenden der Mahlzeit schaffen.

Susanne wußte, daß jedes Essen, egal wann und was, mit einer Eßattacke enden würde, und daß sie auch nicht zusammen mit anderen essen konnte. Sie war jedoch in der Lage, sich anderen anzuvertrauen und sie um Hilfe zu bitten. Susanne bat ihre Freundin, eine Viertelstunde, nachdem sie mit einer Mahlzeit angefangen hatte, bei ihr an die Tür zu klopfen, mit ihr zusammen das Essen wegzupacken, ihren Schrankschlüssel an sich zu nehmen und danach noch eine Stunde lang mit ihr Kaffee zu trinken.

Sie können auch bestimmte Nahrungsmittel als Signal für das Ende einer Mahlzeit einsetzen.

Katja lebt allein in ihrer Wohnung. Sie faßte den Plan, am Ende jeder Mahlzeit eine Pampelmuse zu essen. Das Ritual des Schälens und dann der scharfe, bittere Geschmack waren ein starkes Signal für das Beenden der Mahlzeit.

Darüber hinaus gibt es noch viele andere Möglichkeiten, die Sie sich ausdenken und erfolgreich durchführen können.

4.
Eßanfälle – der Magen als unersättliches, schwarzes Loch

Der Ausdruck »Bulimie« bedeutet: wie ein Ochse essen (wörtl.: Stierhunger). Die meisten Menschen mit Bulimie sehen die Eßattacken als die zentrale und unangenehmste Seite ihrer Eßstörung an. Stephan, ein 22jähriger Student, beschreibt seine Eßattacken folgendermaßen:

»Wenn ich einmal angefangen habe, futtere ich solange alles in mich hinein, bis ich absolut voll und aufgebläht bin. Manchmal habe ich Angst, mein Magen könnte platzen. Ich kann kaum atmen. Ich esse sehr schnell und merke kaum, was ich in den Mund stecke. Ich kaue nicht. Das Schlimmste ist das Gefühl, vollkommen die Kontrolle verloren zu haben, immer weiter essen zu müssen, es überwältigt mich. Ich kann erst aufhören, wenn ich total vollgestopft bin.«

Die Art und Menge der aufgenommenen Nahrung kann sich stark unterscheiden. Nach unserer Definition liegt eine Eßattacke dann vor, wenn eine große Menge an Nahrungsmitteln schnell und ohne eine Andeutung von Kontrolle gegessen wird. Leichte Anfälle von »Völlerei« kommen dagegen im Leben vieler Menschen vor, ohne daß sie als krankhaft zu bezeichnen wären.

Andere Menschen haben zwar keine direkten Eßattacken, aber ihr Zuviel-Essen folgt einem bestimmten Muster, dem sogenannten »Grasen« oder zwanghaften Essen, d.h. man nimmt ständig Nahrung auf, ohne damit aufhören zu können.

Sonja hatte eine schwere Kindheit. Ihre Eltern ließen sich schei-

den, als sie sechs Jahre alt war. Danach gab es im Leben ihrer Mutter eine scheinbar endlose Kette von Männerbekanntschaften. »*Wenn ein neuer Mann die Bühne betrat, war ich so gut wie abgemeldet. Fast jeden Abend gingen sie aus. Dafür gab meine Mutter mir dann sehr viel Taschengeld, um mich ruhigzustellen. Für gewöhnlich ging es dann nach einer Weile nicht mehr gut, und sie stritten sich häufig. Manchmal war auch körperliche Gewalt im Spiel. Dann wurde der Freund rausgeschmissen, und ich blieb mit einer schlechtgelaunten Mutter zurück, die sich elend fühlte und sich tagelang in ihr Schlafzimmer zurückzog. Das einzige, was mir blieb und an was ich mich halten konnte, war Essen. Ich erinnere mich, daß ich tagein, tagaus herumsaß und einen Keks nach dem anderen reinschob, um die furchtbare Einsamkeit zu vertreiben. Als ich 13 war, wog ich 76 kg, obwohl ich nur 1,53 m groß bin. In der Schule wollte niemand mit mir befreundet sein. Also aß ich noch mehr.*« *Obwohl Sonja jetzt in einer stabilen Beziehung lebt, mit einem Partner, der sie unterstützt, nimmt sie ihre alte Gewohnheit wieder auf, wenn er abwesend ist.* »*Mein Partner muß oft geschäftlich verreisen. Er bleibt dann meistens ein paar Tage weg. Wenn ich alleine zu Hause bin, esse ich den ganzen Tag, langsam, aber ununterbrochen. Es ist so, als wenn ich meinen Mund und meine Hände ständig in Bewegung halten müßte. Manchmal denke ich, daß es so eine Art Erinnerungsschock ist, d.h., daß das Gefühl, daß ich niemanden habe, für den ich wichtig bin, wieder hochkommt. In anderen Fällen habe ich keine Ahnung, warum ich es tue, ich knabbere einfach den ganzen Tag.*«

In diesem Kapitel konzentrieren wir uns im wesentlichen auf Eßanfälle, aber die Beschreibung der Mechanismen, die dabei im Spiel sind, gelten auch für diejenigen, die »grasen«, knabbern, zwanghaft essen oder Essen als Trost einsetzen.

Die meisten Menschen verlieren die Kontrolle bei sehr kalorienreichen Lebensmitteln, die entweder süß oder würzig sind. Manche verlieren die Kontrolle bei Nahrungsmitteln, die sie insgeheim zwar sehr gerne mögen, aber als »ungesund« oder »verboten« ansehen und daher nur während einer Eßattacke essen. Andere konsumieren, was sie gerade finden, auch Nahrungsmittel, die sie nicht mögen. Einige gehen sogar so weit, Gefrorenes zu essen oder auf der Suche nach Eßbarem Mülleimer zu durchwühlen. Die Erfahrung des unkontrollierten Essens ist im allgemeinen äußerst demoralisierend und gibt den meisten Menschen das Gefühl, immer wieder abgrundtief zu versagen.

Warum man beim Essen die Kontrolle verlieren kann

Eßattacken sind nicht die Folge von Willensschwäche. Für Kontrollverluste beim Essen gibt es eine Reihe von physiologischen und psychologischen Gründen.

Physiologische Gründe: Eßattacken können eine direkte Folge von Hunger sein. Indem Ihr Körper in Ihnen starke Essensgelüste hervorruft, sagt er Ihnen laut und deutlich, daß er nicht genügend Nährstoffe bekommen hat. Je mehr Sie versuchen, Ihre Nahrungsaufnahne zu beschränken, desto stärker werden Sie zu Eßattacken neigen. Oft begehen Leute den Fehler, nach einer solchen Eßattacke eine Mahlzeit, sozusagen als Wiedergutmachung, ausfallen zu lassen. Dadurch wird automatisch der nächste Kontrollverlust vorprogrammiert. Auch Alkohol und Drogen, die die Hemmschwelle herabsetzen, werden Sie zu weiteren Eßattacken verleiten.

Psychologische Gründe: Langeweile, Niedergeschlagenheit, Streß, belastende Erlebnisse, Anspannung und Einsamkeit führen oft zu Eßanfällen, weil Essen, zumindest am Anfang einer Attacke, tröstlich ist und die negativen Gefühle abschwächt. Manchmal kann schon eine kleine Abweichung von einem rigiden und ungeeigneten Ernährungsplan Sie so demoralisieren, daß Sie sich entschließen, die Kontrolle ganz aufzugeben und hemmungslos weiterzuessen.

Physiologische und psychologische Gründe für Eßattacken schließen sich natürlich nicht gegenseitig aus, vielmehr treten sie häufig gemeinsam auf.

Wie man Eßattacken vermeiden kann

Viele erzählen uns, daß sie, wären sie nur von ihren Eßattacken geheilt, keine Probleme mehr hätten. Unglücklicherweise können Eßattacken als Symptom nicht isoliert behandelt werden. Bei dem Versuch, die physiologischen Aspekte von Heißhungeranfällen in Angriff zu nehmen, ist es sehr wichtig,

– daß Sie sich darum bemühen, regelmäßig zu essen (siehe Kapitel 3), um Ihrem Körper die richtigen Nährstoffe in ausreichender Menge zuzuführen und somit starke Eßgelüste zu verringern, die sonst wieder Eßattacken auslösen würden;
– daß Sie mit aller Kraft versuchen, nach einer Eßattacke keine Mahlzeit ausfallen zu lassen, weil das den nächsten Anfall vorprogrammiert;
– daß Sie sich mit den Folgen der Eßattacken auseinandersetzen, d.h. mit dem Erbrechen (siehe Kapitel 5).

Wenn Sie diese Aspekte Ihres Problems angehen, werden Sie bald herausfinden, daß die Heißhungeranfälle in bezug auf Häufigkeit und Dauer abnehmen.

Bin ich zuckersüchtig?

Auch viele Menschen ohne Eßstörungen haben eine Schwäche für Süßes. Für diejenigen, die an Bulimie leiden, kann das Verlangen nach Süßem jedoch so stark sein, daß sie sich richtiggehend süchtig fühlen. Vielleicht haben Sie die Erfahrung gemacht, daß Sie, wenn Sie einmal mit Süßigkeiten angefangen haben, nicht mehr aufhören können. Dies hat wiederum Ihr Gefühl des totalen Kontrollverlusts, soweit es jedenfalls Süßigkeiten betrifft, verstärkt. Süße Nahrung geht schneller als andere Lebensmittel ins Blut. Die Anhebung des Blutzuckerspiegels bewirkt, daß das Hormon Insulin ausgeschüttet wird. Insulin erleichtert den Körperzellen die Aufnahme des Zuckers, so daß der Blutzuckerspiegel wieder sinkt. Und ein niedriger Spiegel ruft wieder das Verlangen nach Süßem hervor.

Dieser Effekt tritt um so stärker in Kraft, je unterernährter Sie sind. Wenn Sie große Mengen von Diätgetränken mit Süßstoff zu sich nehmen, hat Ihr Körper wahrscheinlich gelernt, daß der angenehme, süße Geschmack mit wenig Nährwert verbunden ist. Er wird Sie daher dazu treiben, große Mengen zu essen. Einige Süßigkeiten, wie z.B. Schokolade, bewirken, daß Endorphine, körpereigene Opiate, die ein Glücksgefühl hervorrufen, freigesetzt werden, d.h. der Verzehr von Süßem belohnt wird.

Wenn Sie jedoch dem Rat aus den Kapiteln 2 und 3 gefolgt sind und daran arbeiten, Ihr Eßverhalten zu normalisieren, werden Sie merken, daß das Gefühl, zuckersüchtig zu sein, abnimmt oder sogar ganz verschwindet. Solange Ihr Eßverhalten noch ziemlich chaotisch ist, ist es wahrscheinlich angebracht, mit Süßem vorsichtig zu sein und es nur zusammen mit anderen Nahrungsmitteln zu essen, um ein schnelles Absinken des Blutzuckerspiegels nach dem Naschen zu vermeiden. Sobald Sie Ihr Eßverhalten aber etwas mehr unter Kontrolle haben, kann der Umgang mit Süßigkeiten sogar eines der Ziele sein, die Sie sich setzen. So könnten Sie z. B. jeden Tag den Verzehr eines kleinen Stücks Schokoladenkuchen einplanen, um sich so zu beweisen, daß Sie auch mit »gefährlichen Nahrungsmitteln« wieder umgehen können.

Wie Sie lernen, mit den psychologischen Ursachen unkontrollierten Essens umzugehen

Versuchen Sie herauszufinden, in welchen Situationen Sie zu Eßanfällen neigen. Die »Auslöser« können psychischer wie physischer Natur sein. Ihr Ernährungstagebuch wird Ihnen helfen, diese Auslöser zu identifizieren und künftig zu meiden. Daß dies möglich ist, zeigen die Beispiele ehemaliger Patientinnen:

Die 23jährige Anna hatte einen langen Weg zur Arbeit, auf dem sie mehrere Male in einen anderen Bus umsteigen mußte. »Bei jedem Umsteigen kam ich an einem Kiosk vorbei und kaufte mir etwas.« Weil Anna wußte, daß sie auf dem Weg zur Arbeit eine Heißhungerattacke haben würde, erlaubte sie sich nie zu frühstücken. Um ihr Verhalten zu ändern, beschloß Anna, vor Verlassen des Hauses regelmäßig zu frühstücken. Ihr wurde klar, daß sie sich während der langen Busfahrt sehr langweilte. (Sie konnte im Bus nicht lesen, weil ihr davon schlecht wurde.) Ihre Lösung für dieses Problem war, einen anderen Weg zur Arbeit zu finden. Sie fuhr von nun an mit dem Zug und konnte währenddessen lesen. Diese einfachen Maßnahmen verbesserten ihre Situation erheblich.

Linda fing erst mittags an zu arbeiten. Die Vormittage waren für sie langweilig und zeitlich nicht strukturiert. Es gab niemanden, mit dem sie hätte frühstücken können, weil sie gerne lange schlief und ihre Mutter schon sehr früh aufstand. Manchmal trieb Linda morgens Sport, was ihr aber keinen Spaß machte. Sie glaubte aber, es täte ihr gut. Besonders, wenn sie spät zu Bett gegangen und deshalb müde war, konnte sie sich nicht zu ihren Sportübungen aufraffen, statt dessen aß sie hemmungslos. Lindas Lösung war, vor der Arbeit etwas zu tun, das ihr gefiel und das ihr half, nicht zu Hause herumzuhängen. Sie meldete sich für vormittags zum Schauspielunterricht an, und ihre Heißhungeranfälle nahmen seit dieser Zeit erheblich ab.

Als Roswitha zu uns kam, hatte sie vier bis sechs Eßattacken pro Woche. Diese konnten zu jeder Tageszeit und an verschiedenen Orten auftreten. Es schien kein bestimmtes Muster dafür zu geben. Sie fühlte sich machtlos und konnte nicht sagen, was diese Attacken auslöste. Sie wurde gebeten, in ihrem Tagebuch jedes noch so kleine Detail von dem festzuhalten, was zwischen dem Augenblick passierte, in dem sie zum ersten Mal an eine Heißhungerattacke dachte, und dem Zeitpunkt, zu dem sie tatsächlich damit anfing. Es stellte sich heraus, daß ihren Eßanfällen sehr häufig eine Anlaufphase von mehreren Stunden vorausging, während der Kleinigkeiten schiefliefen. Dies führte zu zunehmender Frustration und resultierte oft in einer Eßattacke. Eines Tages z.B. langweilte sie sich bei der Arbeit. Um 14.00 Uhr kam ihr zum ersten Mal der Gedanke, hemmungslos zu essen. Sie wies diesen Gedanken entschlossen zurück und lenkte sich mit einem Computerspiel ab. Um 16.00 Uhr langweilte sie sich wieder, und der Gedanke an eine Eßattacke kehrte zurück. Eine Freundin rief an, um ihre Verabredung für den Abend abzusagen. Danach ging Roswitha zur Bank und hob Geld ab, um Lebensmittel für ihre Eßattacke einzukaufen. Sie versuchte, sich mit einer anderen Freundin zu verabreden, diese wollte aber nicht. Zu dem Zeitpunkt war sie so aus der Fassung gebracht, daß sie nach Hause ging und sich einer Eßattacke hingab. Mit der Zeit gelang es Roswitha, »gefährliche« Situationen zu erkennen. Ihr wurde klar, daß sie Eßattacken als eine einfache Lösung für viele kleine Ärgernisse in ihrem Leben benutzt hatte. Sie lernte, mit jeder gefährlichen Situation auf eine angemessenere Art umzugehen. Langeweile bei der Arbeit war z.B. ein immer wiederkehrendes Problem. (Sie arbeitete im Empfang, und es gab lange Zeiten, in denen sie nichts zu tun hatte.) Sie entschloß sich, bei der Arbeit für einen berufsqualifizierenden Weiterbildungskurs zu lesen, um nicht das Gefühl zu haben, ihren ganzen Tag nutzlos zu verschwenden. Wenn Freunde eine abendliche Verabredung absagten, beschloß sie, allein ins Kino zu gehen, da das Herumsitzen und Trübsalblasen zu Hause unweigerlich zu Eßattacken führte.

Das nächste Beispiel zeigt, daß es nicht immer leicht ist, das Verhalten zu ändern, selbst wenn Sie die psychologischen Ursachen für Ihre Eßattacken kennen. Dies trifft besonders dann zu, wenn ein starkes Trostelement mit im Spiel ist.

Karin ist eine alleinerziehende, berufstätige Mutter über Dreißig. Als Kind war sie sexuell mißbraucht worden. Als sie zum ersten Mal zu uns kam, litt sie unter mehrfachen täglichen Eßattacken mit anschließendem Erbrechen. Sie lernte, tagsüber mehr zu essen, und hatte nur noch abends eine Eßattacke mit Erbrechen, worüber sie sich sehr freute. Sie sagte zwar ständig, sie wolle ihre Situation noch weiter verbessern und mit den Eßattacken und dem Erbrechen ganz aufhören, aber irgendwie schaffte sie es nicht. Nach langen Diskussionen darüber, warum sie an diesem Punkt nicht weiterkam, stellte sich heraus, daß ihr Leben für sie ein ständiger Kampf war. Auf der einen Seite vermißte sie sehr stark einen Partner, gleichzeitig aber hatte sie aufgrund ihrer Kindheitserfahrungen große Angst vor einer Beziehung zu einem Mann. Sie erkannte, daß Eßattacken bislang das einzige in ihrem Leben waren, das einfach, angenehm und tröstlich war und ihre einsamen Abende erträglicher machte.

Diese Beispiele zeigen, daß es viele verschiedene Arten von Eßattacken gibt. Sie müssen sich anhand Ihres Tagebuchs vielleicht über mehrere Wochen hinweg beobachten, um Ihr eigenes Verhaltensmuster zu erkennen.

▶ Wenn Sie Ihr Verhaltensmuster ein bißchen besser kennengelernt haben, versuchen Sie, mit ihm »herumzuspielen«, um Ihr Gefühl von Kontrolle zu verstärken. Versuchen Sie, Ihre Eßattacken auf einen Ort zu beschränken; eine andere Möglichkeit besteht darin, Heißhungeranfälle nur zu einer bestimmten Tageszeit zuzulassen.

▶ Schreiben Sie eine Liste von Situationen auf, die Eßattacken auslösen, und suchen Sie Wege, damit umzugehen.

▶ Versuchen Sie, »Gefahrenzonen« vorherzusehen. Besonders

die Wochenenden mit reichlich unstrukturierter Freizeit sind für viele Menschen die bevorzugten Zeiten für Eßanfälle. Entwerfen Sie für das Wochenende einen Zeitplan mit angenehmen Aktivitäten, und halten Sie sich daran.
- Versuchen Sie immer, wenn Sie Heißhunger verspüren, sich mit etwas abzulenken, das mit Eßattacken unvereinbar ist, z.B. Spazierengehen, Freunde anrufen oder besuchen. Fernsehen oder Lesen sind in dieser Hinsicht nicht besonders hilfreich, weil man auch beim Fernsehen leicht eine Eßattacke haben kann.
- Kaufen Sie nie Lebensmittel ein, wenn Sie hungrig sind.
- Denken Sie daran: Es ist keine Lösung, die Menschen in Ihrer Umgebung zu bitten, die Küchentür abzuschließen. Sie werden lediglich noch stärker von den Lebensmitteln in der Küche angezogen sein, und außerdem finden Sie sowieso einen Weg, an das begehrte Essen heranzukommen.
- Verübeln Sie sich eine Eßattacke nicht zu sehr. Sehen Sie sich die Verhaltenskette genau an, und finden Sie die entscheidenden Stellen, an denen Sie vielleicht etwas falsch gemacht haben. Spielen Sie im Kopf durch, was passiert wäre, wenn Sie die Situation gemeistert hätten. Dann haben Sie für das nächste Mal etwas gelernt (Lesen Sie dazu auch Kapitel 8 über »Rückfälle«).
- Viele Leute sind sehr beunruhigt, wenn sie eine Zeitlang keine Eßattacke mehr hatten. Sie sind der Meinung, daß sie nach jeder weiteren Heißhungerattacke wieder von vorn anfangen müßten. Um sich selbst zu beweisen, daß dies nicht stimmt, ist es manchmal sinnvoll, eine Eßattacke zu planen. Vergessen Sie nicht, daß ein kleiner Rückschlag nicht die ganze gute Arbeit zunichte machen kann, die Sie über Wochen geleistet haben.
- Gehen Sie Menschen, Orten oder Dingen aus dem Weg, die Sie mit Eßattacken in Zusammenhang bringen.
- Versuchen Sie, Kontakt zu einer Person aufzunehmen, von der Sie wissen, daß sie Bulimie hatte und die gelernt hat, sie zu kontrollieren. Finden Sie heraus, was ihr geholfen hat.

Die Bewältigung von Heißhunger

▶ Versuchen Sie, Ihren Drang zu essen, objektiv zu betrachten, und stufen Sie seinen Intensitätsgrad (anhand einer Skala von 1-10) und seine Dauer ein.
▶ Notieren Sie, welche Erleichterung das herbeigesehnte Essen für Ihre Gedanken, Gefühle und Ihren körperlichen Zustand bedeuten würde. Dazu Christines Beispiel:

Christine stellte fest, daß ihr Drang zu essen immer dann auftrat, wenn sie einsam war. Eines Abends war sie nicht mit dem Rest der Familie ausgegangen, sondern zu Hause geblieben, um zu lernen. Sie schrieb in ihr Tagebuch, daß sie von einem Eßanfall erwartete, daß er sie von ihrer Einsamkeit und ihrem Ärger darüber, arbeiten zu müssen, befreien würde.

Sehen Sie Ihr Tagebuch allein oder mit Ihrer Helferin durch, und versuchen Sie, eine Liste von Aktivitäten aufzustellen, die dieselbe Wirkung haben könnten, wie eine Eßattacke. Manchmal wird Ihr Drang zu essen durch Hunger ausgelöst. Manchmal aber wird er von äußeren Faktoren in Gang gesetzt. Essensdrang ist eine ganz normale Reaktion, und Sie werden eine Reihe unterschiedlicher Strategien entwickeln müssen, um damit umzugehen.

▶ *Innerer Abstand*: Identifizieren Sie sich nicht mit Ihrem Essensdrang. Statt zu denken: »Ich würde alles geben, um hemmungslos zu essen«, ändern Sie Ihre Gedanken in: »Ich verspüre den Drang, mich vollzustopfen – er wird stark werden, aber dann verschwinden«. Gestatten Sie sich, diesen Drang zu erleben, nehmen Sie hin, daß er da ist; Sie brauchen ihm ja nicht nachzugeben. Sie glauben vielleicht, daß Sie, wenn Sie nicht nachgeben, verrückt werden oder irgendeine andere Katastrophe eintritt – das wird aber nicht der Fall sein. Wenn Sie Ihrem Essensdrang nicht nachgeben, wird er schließlich schwächer werden und dann ganz verschwinden.
▶ *Innere Bilder*: Stellen Sie sich vor, der Essensdrang sei eine

Welle. Lassen Sie sich von ihm mittragen, ohne das Gleichgewicht zu verlieren. Lassen Sie sich nicht von seiner Kraft nach unten ziehen. Oder stellen Sie sich vor, der Essensdrang sei ein Monster; sobald Sie seine Anwesenheit erkannt haben, werden Sie es schnell los, indem Sie ihm den Kopf abschlagen. Sie können sich den Essensdrang auch wie Krebs in Ihrem Körper vorstellen. Sie sind in diesem Fall ein Chirurg, der ihn mit einem Skalpell herausschneiden kann.

▶ *Logik*: Jedes Mal, wenn Sie über die kurzzeitigen Vorteile von Essen nachdenken, überdenken Sie noch einmal die nachteiligen Langzeitwirkungen.

▶ *Ablenkung*: Erstellen Sie eine Liste von alternativen Aktivitäten, mit denen Sie sich von Ihrem Essenszwang ablenken können.

Wenn Ärger und Frustration Ihre Auslöser sind, helfen Ihnen vielleicht andere Bewältigungstaktiken wie etwa Selbstbehauptungsstrategien besser (siehe dazu Kapitel 11).

Rückfälle

Rückfälle werden sicherlich vorkommen; sie sind wichtig und gehören zur Genesung. Betrachten Sie sie einfach als Herausforderung oder Lernerfahrung. Das Wichtigste ist, daß Sie sie leicht nehmen und danach nicht denken, nun wieder ganz am Anfang zu stehen.

Wenn Sie einen Rückfall haben, können Sie folgendes tun:

▶ Halten Sie inne und denken Sie nach! Versuchen Sie etwas entgegenzusetzen und die Situation so schnell wie möglich zu ändern oder sich ihr ganz zu entziehen.

▶ Bewahren Sie Ruhe! Ihre erste Reaktion wird sein, sich schuldig zu fühlen und sich selbst anzuklagen. Versuchen Sie, diese Gefühle langsam abebben zu lassen. Machen Sie sich noch einmal klar, daß dies ein ganz normales Ereignis auf dem Weg zur Genesung ist.

▶ Stärken Sie erneut Ihren Willen zur Veränderung. Holen Sie

Ihren Bilanzbogen und Ihre Briefe hervor, und lesen Sie sie noch einmal genau durch. Bedenken Sie, wieviel Sie schon geschafft haben. Bekräftigen Sie noch einmal Ihre Entscheidung, die Situation zu verändern. Sie bestimmen. Sie können sie unter Kontrolle bringen!

▶ Überprüfen Sie die Situation, die zum Rückfall geführt hat. Gab es Frühwarnsignale? Haben Sie versucht, die Situation in den Griff zu bekommen? Was können Sie für das nächste Mal lernen?

▶ Übernehmen Sie die Führung: Wenden Sie eine Ihrer Bewältigungsstrategien an; verlassen Sie z.B. das Haus.

▶ Suchen Sie Hilfe: Jetzt ist der Zeitpunkt gekommen, an dem Ihre Unterstützungsperson von größtem Wert für Sie ist. Nehmen Sie sofort Kontakt mit Ihrem Co-Therapeuten auf, wenn Sie einen haben.

5.
Erbrechen, Abführmittel und Entwässerungstabletten – essen, essen, essen und dann alles rückgängig machen wollen?

Neben der gängigen Methode, weniger zu essen, gibt es andere, um das Körpergewicht zu kontrollieren. Sie haben vielleicht darüber gehört, gelesen oder diese »Alternativen« bereits für sich selbst entdeckt: selbst herbeigeführtes Erbrechen oder das Einnehmen von Abführmitteln und Entwässerungstabletten. Viele beginnen damit, wenn sie den Eindruck haben, daß Schlankheitskuren allein nicht zum gewünschten Ziel führen, oder aber wenn Eßattacken eingesetzt haben. Ein Teil von Ihnen denkt vielleicht, »Ich kann beides, abnehmen und gleichzeitig hemmungslos essen«. Das ist jedoch weit von der Wahrheit entfernt. Ein anderer Teil von Ihnen schämt sich wahrscheinlich und macht sich Sorgen über solche Praktiken. Diese Sorgen sind berechtigt.

Die tatsächlichen Wirkungen

Lassen Sie uns erst den Tatsachen ins Auge schauen. Wie wirksam sind diese Methoden zur Gewichtsregulierung? Obwohl Sie vielleicht durch Erbrechen 30 bis 50 % der aufgenommenen Kalorien wieder loswerden (je nachdem, wie schnell Sie sich nach der Nahrungsaufnahme erbrechen und wie lange Sie regelmäßig erbrochen haben), führt es jedoch nie zu einer dauerhaften Gewichtsabnahme. Je mehr Sie erbrechen, desto mehr wird Ihr Körper nach Nahrung verlangen. Das Resultat werden weitere Eßanfälle sein, die wiederum zu Erbrechen führen. Sie befinden sich in einem Teufelskreis.

Abführmittel und Entwässerungstabletten führen zu keinerlei Kalorienverlust. Ja, Sie haben Recht, diese Mittel können tatsächlich das Gewicht reduzieren, aber nur vorübergehend durch den Verlust an Körperflüssigkeit. Ihr Körper schützt sich vor Wasserverlust durch die Produktion verschiedener sogenannter anti-diuretischer Hormone, Aldosteron und Renin, die als Reaktion auf den Flüssigkeitsverlust in großen Mengen freigesetzt werden. Diese Hormone führen wiederum zu Wassereinlagerungen, so daß Sie sich aufgedunsen und schwer fühlen. Vielleicht stellen Sie sogar morgens Schwellungen um die Augen oder am Bauch fest und abends an den Fußgelenken. Das wird in Ihnen den Wunsch erwecken, die Dosis an Abführmitteln oder Entwässerungstabletten zu erhöhen. Ein weiterer Teufelskreis...

Das Einnehmen von Abführmitteln über einen längeren Zeitraum läßt Ihren Darm träge werden und verursacht Verstopfung. Je mehr Sie einnehmen, desto schlimmer wird Ihre Verstopfung. Sie sind in den nächsten Teufelskreis hineingeraten...

In der Regel werden durch diese Praktiken eine Reihe von Gesundheitsproblemen verursacht. Sie sollten über folgendes Bescheid wissen:

- Erbrechen, Abführmittel und Entwässerungstabletten führen zum Verlust von Wasser und Mineralstoffen im Blut. Dies ruft im allgemeinen *chronische Müdigkeit*, *Schwäche*, *Konzentrationsstörungen*, *Schwindel*, *Kopfschmerzen* und *Herzklopfen* hervor. Sie müssen auch wissen, daß *epileptische Anfälle*, *Herzrhythmusstörungen* und *Nierenschäden* durch diese Praktiken verursacht werden können.
- Magensäure, die durch Erbrechen in den Mundraum kommt, zerstört den Zahnschmelz. Dadurch werden die Zähne empfindlich und anfällig für Karies.
- Ihre Mundspeicheldrüsen können anschwellen, weil sie

durch das Erbrechen mehr Speichel produzieren müssen. Obwohl das an sich nicht gefährlich ist, kann es manchmal schmerzhaft sein. Ihr Gesicht schwillt ebenfalls an, und es kann sogar so aussehen, als hätten Sie Mumps. Das ruft bei Ihnen vermutlich wieder den Eindruck hervor, Sie müßten noch mehr abnehmen, was wiederum dazu führen kann, daß Sie mehr erbrechen. Noch ein Teufelskreis...

- Erbrechen kann Ihrer Speiseröhre schaden. Magenschmerzen und das Erbrechen von Blut sind üblich. Der Rückfluß von Nahrung kann zur Gewohnheit werden.
- Chronischer Abführmittelgebrauch kann die feinen Nerven in Ihrer Darmwand zerstören und zu Darmlähmung führen. Daraus entwickelt sich möglicherweise eine lebensbedrohliche Komplikation, die operativ behandelt werden muß. Ihr Darm kann vorfallen, wenn Sie sich beim Stuhlgang sehr anstrengen.

▶ Kreuzen Sie die Gesundheitsprobleme an, die auf Sie zutreffen:

○ Chronische Müdigkeit

○ Haarausfall

○ Schwäche

○ Konzentrationsstörung

○ Schwindelanfälle

○ Kopfschmerzen

○ Herzklopfen

○ Magenschmerzen

○ Blähungen

○ Blut erbrechen

○ Zahnprobleme

○ Epileptische Anfälle

○ Unregelmäßiger Herzschlag

○ Verstopfung

○ Bluten am After

○ Darmvorfall

○ Nierensteine

○ Niereninfektion

○ Nierenversagen

○ Anschwellen der Fußgelenke

○ Unregelmäßige Periode

Die meisten dieser Probleme lassen sich rückgängig machen und bessern sich schnell, wenn Sie mit Erbrechen oder der Einnahme von Abführmitteln und Entwässerungstabletten aufhören. Falls keines dieser medizinischen Probleme im Augenblick auf Sie zutrifft, beruhigt Sie das vielleicht etwas. Sie sollten jedoch nicht vergessen, daß manche Symptome sich erst nach längerer Zeit entwickeln.

Welche Gewichtskontrollmethoden wenden Sie an?

Es gibt sehr große Unterschiede in der Einstellung zu Erbrechen, Abführmitteln und Entwässerungstabletten. Zu welchem Typ gehören Sie?

Typ A: Manche Menschen betrachten Erbrechen als eine Art körperliche Notwendigkeit. Sie begreifen nicht, daß sie selbst dafür verantwortlich sind und eine aktive Rolle dabei spielen. Nehmen Sie z.B. Karla, eine 25jährige Schauspielerin. Ihre Eßstörung hatte angefangen, als sie 15 war. »Nach einem Eßanfall fühle ich mich schrecklich voll. Ich fühle mich körperlich krank. Es ist eine Höllenqual. Ich mache eigentlich nichts, um mich zu übergeben. Ich beuge mich vor, und das Essen kommt heraus. Es passiert einfach.«

Typ B: Andere betrachten Erbrechen oder Abführmittel bzw. Entwässerungstabletten als eine Gewohnheit, als Teil ihres alltäglichen Tagesablaufs. Luise beschreibt dies so: »Erbrechen ist wie Zähneputzen. Ich fühle so gut wie nichts dabei. Es gibt mir das Gefühl, sauber zu sein. Ich könnte nicht mehr ohne auskommen.« Ebenso Lilli: »Ich nehme immer fünf Abführtabletten nach jeder Mahlzeit. Ich habe mich so daran gewöhnt. Ich denke kaum noch darüber nach.«

Typ C: Manche Bulimie-Kranke empfinden diese Praktiken als sehr schmerzhaft und erniedrigend, wie z. B. Susanne: »Ich hasse es, meinen Kopf jeden Tag ins Klo zu stecken. Ich schäme mich so. Wie bin ich da nur reingerutscht? Wie konnte ich nur so tief sinken? Nachher fühle ich mich am Boden zerstört und sage mir, daß das nie wieder passieren wird. Aber dann passiert es doch wieder, und die ganze Qual fängt wieder von vorne an.« Carmen empfindet ihre Handlungen als Erniedrigung: »Gestern hatte ich einen fünfstündigen Eßanfall. Ich bin total in Panik geraten und habe 80 Abführtabletten genommen. Ich habe die ganze Nacht auf dem Klo verbracht. Ich hatte solche Schmerzen. Ich empfand Ekel vor mir selbst, konnte aber nicht umhin zu denken, daß ich es irgendwie verdient hatte.«

▶ Kreuzen Sie an, welcher dieser Typen Ihre eigene Reaktion am besten beschreibt:

○ Typ A

○ Typ B

○ Typ C

○ Anderer Typ (beschreiben Sie ihn):

Wenn Sie der Meinung sind, daß Typ A oder B Ihre Einstellung zum Erbrechen und zum Mißbrauch von Abführmitteln oder Entwässerungstabletten beschreibt, dann sollten Sie sich fragen, ob das schon immer so war. Sie haben es zugelassen, daß der Schmerz ausgeblendet wurde, und Sie fühlen ihn nicht mehr. Sie müssen unbedingt versuchen, diese Gefühle wieder wahrzunehmen. Je mehr Sie die negativen Aspekte (Schmerz, Gefahr, Scham) des Erbrechens oder Mißbrauchs von Abführmitteln und Entwässerungstabletten verdrängen, desto schwieriger wird es, damit aufzuhören.

Wie Sie mit dem Erbrechen aufhören können

▶ Folgen Sie Plan A, wenn

- Sie sich nur zwei- bis dreimal die Woche zum Erbrechen bringen, oder
- Sie oft erst mehrere Stunden nach einer Eßattacke das Erbrechen auslösen, oder
- Sie manchmal nach einer Eßattacke gar nicht erbrechen.

▶ Folgen Sie Plan B, wenn

- Sie fast jeden Tag erbrechen, oder
- Sie sowohl nach Zwischenmahlzeiten, Hauptmahlzeiten wie auch nach Eßattacken erbrechen.

Plan A: Sie haben noch eine relativ gute Kontrolle über Ihr Erbrechen, auch wenn Ihnen das nicht so vorkommt. Der folgende Plan wurde entwickelt, um Ihnen noch mehr Kontrolle zu geben.

- Erinnern Sie sich an die letzten zwei bis drei Wochen. Wie viele Male haben Sie sich maximal pro Woche erbrochen?
- Versuchen Sie während der nächsten Wochen, sich einmal weniger zu erbrechen, als Sie es maximal in den letzten Wochen getan haben.
- Wenn Sie das leicht schaffen, erbrechen Sie sich in der folgenden Woche noch einmal weniger.
- Wenn Ihnen dies schwer fällt, wiederholen Sie diesen Schritt, bis er Ihnen leichter fällt.

- Machen Sie so weiter. Reduzieren Sie die Anzahl jede Woche oder jede zweite, bis Sie mit dem Erbrechen aufgehört haben.

Einige allgemeine Ratschläge, bevor Sie anfangen

▶ Schreiben Sie Ihr Ziel für die kommende Woche immer am Anfang der Woche in Ihr Tagebuch, und versuchen Sie, es zu erreichen. Halten Sie sich möglichst genau an Ihre eigene Vorgabe, aber seien Sie nicht zu ungeduldig mit sich.

▶ Wenn Sie eine zusätzliche Eßattacke hatten, versuchen Sie, wenn irgend möglich, das Essen bei sich zu halten. Wird das zu schwierig, zögern Sie zumindest das Erbrechen hinaus. Das wird Sie sehr beunruhigen. Wenden Sie die unter *Plan B* beschriebenen Bewältigungstechniken an.

▶ Haben Sie sich in einer Woche häufiger erbrochen als geplant, gehen Sie zum Ziel der vorigen Woche zurück (Vergessen Sie nicht: Gesund werden bedeutet oft, zwei Schritte vor und einen zurück zu gehen). Vielleicht waren Sie in der letzten Woche ein wenig zu ehrgeizig!

Plan B: Sie haben sich sehr daran gewöhnt, durch Erbrechen mit Ihren Ängsten vor einer Gewichtszunahme und vielleicht auch mit anderen unangenehmen Gefühlen und Gedanken umzugehen. Diesen Lernprozeß wieder rückgängig zu machen wird sehr schwierig werden. Im Augenblick kennen Sie wahrscheinlich nur zwei Formen des Daseins: entweder schmerzhaft vollgestopft oder vollständig leer zu sein. Die meisten Menschen ohne Eßstörungen kennen viele Zwischenstadien, die von leichtem Hunger bis zum angenehmen Gesättigtsein nach einer Mahlzeit reichen. Sie müssen sich wieder an diese Zwischenstadien gewöhnen. Dies können Sie am besten erreichen, indem Sie das Erbrechen schrittweise hinauszögern.

▶ Erinnern Sie sich an die letzten zwei Wochen. Wieviel Zeit lag durchschnittlich zwischen dem Essen und dem Erbrechen?

▶ Versuchen Sie in der nächsten Woche, das Essen jedesmal für diesen Zeitraum bei sich zu behalten.
▶ In der darauffolgenden Woche versuchen Sie, diesen Zeitraum ein wenig auszudehnen. Steigern Sie dies von Woche zu Woche, wenn Sie sich wirklich sicher sind, Ihr Ziel erreicht zu haben.
▶ Wenn Sie sich stets sofort nach dem Essen übergeben, warten Sie eine kurze Zeitspanne, bis Sie sich erbrechen, vielleicht fünf Minuten. Es ist besser, sich maßvolle Ziele zu setzen und diese sicher zu erreichen, als sich zu sehr unter Druck zu setzen.

Wie Sie Ihre Angst bewältigen können

Das Hinauszögern des Erbrechens wird in Ihnen große Angst hervorrufen. Sie fühlen sich wahrscheinlich schrecklich aufgebläht, und Ihre Befürchtung zuzunehmen wird ins Unendliche wachsen.

▶ Eine gute Methode, Angst zu bewältigen, ist, sich abzulenken, indem man z.B. Freunde anruft, andere Menschen trifft, einen Spaziergang macht. Sie können auch die Strategie des inneren Abstands benutzen oder vor Ihrem inneren Auge Bilder entstehen lassen, wie es im vorherigen Kapitel beschrieben ist. Zum Glascontainer zu gehen und ein paar Flaschen zu zerschlagen kann Spaß machen und hilft, Spannungen abzubauen. Fernsehen oder Lesen sind im allgemeinen weniger erfolgreich, weil immer eine Toilette in der Nähe ist!

Margret handarbeitet gern und beschloß deshalb, zur Ablenkung zu nähen. Jedes Mal, wenn sie sich übergeben wollte, strickte sie ein Quadrat für eine Patchworkdecke. »Stricken hat mir geholfen, meine Ängste zu unterdrücken. Zu sehen, wie die Decke wuchs, gab mir gleichzeitig das Gefühl, meine Ängste in etwas Nützliches übersetzt zu haben.«

Judith fand eine spirituelle Lösung für sich: »Normalerweise betete ich den Rosenkranz, wenn ich mich übergeben wollte, aber wenn meine Ängste sehr groß wurden, ging ich zur Kirche meiner Gemeinde und betete dort.«

▶ Es ist wichtig, daß Sie etwas finden, das bei Ihnen wirkt!
▶ Manche Menschen finden es nützlich, etwas Aufmunterndes oder auch das, was sie ängstigt, auf eine Karte zu schreiben, die sie dann bei sich tragen. Manche komponieren sogar ein witziges Lied oder einen Ohrwurm, in dem sie sich über sich selbst lustig machen.

Elisabeth ist eine sehr talentierte Sängerin. Als sie hörte, daß Erbrechen sie heiser machen würde, schrieb sie auf eine Karte:«Ich möchte Sängerin werden. Ich will meiner Stimme nicht schaden. Ich bin nicht aufs Erbrechen angewiesen.« Jedes Mal, wenn Sie sich erbrechen wollte, holte sie ihre Karte heraus und las sie sich laut vor. »Das laute Vorlesen gab mir mehr Kraft zu widerstehen.«

Susanne, die oft bis zu 100 Abführtabletten gleichzeitig nahm, schrieb auf eine Karte: »Wenn ich so weitermache, werde ich meine Gesundheit ernsthaft schädigen. Ich muß damit aufhören.« Sie holte die Karte ein paar Mal hervor, als sie den Drang verspürte, Abführmittel zu nehmen. Aber sie gab bald auf, weil das Nachdenken über die gesundheitlichen Folgen ihres Abführmittelmißbrauchs ihre Panik nur noch verstärkte.

Wie Sie an dem Beispiel von Susanne sehen können, ist es beim Kartenschreiben oft besser, etwas speziell auf Sie Zutreffendes zu schreiben, keine allgemeine Aussage. Es sollte positiv formuliert sein, damit Sie sich nicht auf das Negative konzentrieren.

Grundregeln

- ▶ Versuchen Sie nur eine Sache auf einmal, für jeweils eine Woche.
- ▶ Wenn Sie versagen, vereinfachen Sie Ihr Ziele, und versuchen Sie es noch einmal.
- ▶ Wenn Sie Plan B folgen, ist es besonders wichtig, daß Sie Wege finden, sich zu belohnen, sobald Sie Ihr Wochenziel erreicht haben. Denn sonst kann es bei den kleinen wöchentlichen Schritten leicht passieren, daß Sie übersehen, wie gut Sie es machen.
  Hier ist eine Liste möglicher Belohnungen, aus der Sie wählen können. Fügen Sie Ihre eigenen Ideen hinzu. Machen Sie etwas Angenehmes, oder kaufen Sie sich etwas Schönes, z.B. ein Buch, einen Blumenstrauß, Ohrringe, oder machen Sie einen Tagesausflug.
- ▶ Bis Sie es geschafft haben, das Erbrechen völlig aufzugeben, müssen Sie wissen, daß Sie Ihre Zähne nicht sofort nach dem Erbrechen putzen sollten. Das reibt die Säure noch tiefer in den Zahnschmelz und macht alles noch schlimmer. Es ist besser, den Mund einfach mit Wasser auszuspülen oder eine Natron- bzw. Fluorlösung zu benutzen.

Wie Sie mit dem Mißbrauch von Abführmitteln, Entwässerungstabletten und anderen Medikamenten aufhören können

Wenn Sie ganz plötzlich mit dem Einnehmen von Abführmitteln oder Entwässerungstabletten aufhören, besonders, wenn Sie sie bis zum jetzigen Moment in großen Mengen und fast täglich eingenommen haben, werden Sie wahrscheinlich feststellen, daß durch verstärkte Wassereinlagerungen Schwellungen entstehen und Sie sich aufgeschwemmt fühlen. Es ist deshalb vielleicht leichter für Sie, wenn Sie den Gebrauch von Abführmitteln und Entwässerungstabletten schrittweise reduzieren. Das können Sie auf zweierlei Weise bewerkstelligen: Entweder verringern Sie die jeweilige Dosis, oder Sie versuchen, immer mehr abführ- und entwässerungstablettenfreie Tage einzuführen.

Wie Sie mit Verstopfung umgehen

Wenn Sie mit der Einnahme von Abführmitteln aufhören, läßt es sich nicht vermeiden, daß Sie erst einmal – eventuell sogar mehrere Tage lang – keinen Stuhlgang haben werden. Sie werden sich zwangsläufig aufgebläht und unwohl fühlen. Ihre Verdauung ist aber an die Beeinflussung durch Abführmittel gewöhnt, so daß Ihr Körper nur mit einer für Sie unangenehmen, aber ungefährlichen Übergangszeit zu einer natürlichen Verdauung zurückfinden kann.

Es gibt vier Grundregeln, die Sie beachten sollten, wenn Sie Ihren Körper bei diesem Umstellungsprozeß sowie bei einer gesunden Verdauung unterstützen wollen.

▶ Trinken Sie ein bis zwei Liter Mineralwasser oder Tee pro Tag. Verdauungsprozesse sowie ein geschmeidiger Stuhlgang benötigen viel Flüssigkeit.
▶ Gestalten Sie Ihren Speiseplan so abwechslungsreich wie möglich. Obst, Gemüse und Vollkornprodukte fördern die Verdauung besonders.
▶ Gönnen Sie sich Ruhe und Entspannung. Nehmen Sie sich einmal am Tag die Zeit für eine »Sitzung«, möglichst zu einer ähnlichen Tageszeit oder in einer ähnlichen Situation. Verdauung und Stuhlgang brauchen Entspannung, Zeit und Regelmäßigkeit.
▶ Auch angenehme Bewegung gehört zu den Unterstützungsmaßnahmen. Menschen, die viel sitzen, haben eher Schwierigkeiten mit der Verdauung.

Zu Beginn können Sie zusätzlich die Abführmittel Schritt für Schritt durch Trockenpflaumen oder anderes Dörrobst ersetzen. Essen Sie aber nicht zu viel Kleie, da sie den Magen dehnt und Blähungen hervorruft. Wenn Sie trotzdem nach mehreren Tagen keinen Stuhlgang haben, sollten Sie Ihre Ärztin oder Ihren Arzt aufsuchen.

Schwellungen durch Wassereinlagerungen im Gewebe (Ödeme)

Auch wenn Sie die Abführmittel und Entwässerungstabletten schrittweise abbauen, werden Sie wahrscheinlich noch eine Weile dazu neigen, Ödeme zu entwickeln. Beugen Sie dem vor.

▶ Versuchen Sie, mit erhöhtem Kopfteil zu schlafen, um Anschwellungen im Gesichtsbereich zu vermeiden.
▶ Legen Sie beim Sitzen die Beine hoch, damit der Rückfluß von Gewebeflüssigkeit erleichtert wird und Ihre Knöchel abschwellen können.
▶ Vielleicht könnte Ihnen eine Lymphdrainage (wird von speziell ausgebildeten Masseuren durchgeführt) guttun? Dabei werden die Lymphbahnen aktiviert, um gestautes Gewebewasser wieder in Fluß zu bringen.

Wenn dieses Problem sich auch nicht mit Geduld beheben läßt, sollten Sie sich mit Ihrem Arzt oder Ihrer Ärztin darüber beraten.

6.
Sie können lernen, Ihren Körper zu mögen

Viele Menschen mit Bulimie mögen ihren Körper überhaupt nicht. Sie behandeln ihn nicht als Teil ihrer selbst, sondern als einen verhaßten Feind, den sie am liebsten loslassen würden. Sie beobachten, kritisieren und bekämpfen ihn ständig. Viele an Bulimie Erkrankte können es nicht ertragen, sich selbst nackt zu sehen, ihren eigenen Körper zu berühren, oder daß ihnen eine andere Person körperlich nahe kommt und sie anfaßt.

Ruth, eine sehr hübsche, zierliche 28jährige Frau, beschrieb ihren Körper folgendermaßen: »Wenn ich mich im Spiegel anschaue, sehe ich ein groteskes Monster vor mir. Ich sehe die Falten, die sich in meinem Gesicht bilden. Mein Hals gleicht dem einer Schildkröte, meine Brüste hängen, mein Bauch ist riesig, und meine Beine sind schwabbelig. Mein Feund sagt, daß ich keinen Grund habe, mich zu schämen; und viele andere Männer machen mir Komplimente wegen meines Aussehens. Aber das ändert nicht im geringsten, wie ich mich selbst sehe. Wenn ich ein Bad nehme, schließe ich die Tür ab, damit keiner reinkommen und mich sehen kann. Ich ziehe mich schnell aus und wasche mich schnell. Ich ertrage es nicht, nackt zu sein. Es tut zu weh. Ich ertrage auch die Nähe meines Freundes nicht, geschweige denn, daß er mich anfaßt. Wir haben seit Monaten nicht mehr miteinander geschlafen. Früher mochte ich hübsche Kleider, aber jetzt ziehe ich nur weite Pullover an, um mich zu verstecken. Ich war einmal eine begeisterte Tänzerin. Aber in der letzten Zeit kann ich es nicht mehr ertragen. Ich halte den Gedanken nicht aus, daß all das Fett herumschwabbelt.«

Vielleicht reagieren Sie nicht ganz so stark. Aber ein bestimmter Auslöser – eine leichte Gewichtszunahme, das Gefühl prämenstrueller Aufgedunsenheit oder irgendeine Bemerkung über das Aussehen – kann dazu führen, daß man mit seinem Körper unzufrieden ist. Felizitas beschreibt ihre Zweifel so:

»*Ich bin mit einem neuen Pullover zur Arbeit gegangen. Ein Kollege, den ich wirklich mag, sagte, was für einen schönen Pullover ich hätte. Ich dachte sofort, er meinte ›schöner Pullover an der falschen Frau‹, und daß er bemerkt haben mußte, wie flachbrüstig ich bin. Die nächsten drei Tage konnte ich den Gedanken nicht loswerden. Seitdem habe ich es vermieden, mit ihm zu reden.*«

Auch Barbara fühlt sich unwohl in ihrem Körper:

»*Es passiert oft, daß mir Leute auf der Straße schmutzige Dinge nachrufen. Ich tue absolut nichts, um das zu provozieren. Beim letzten Mal ging ich an einer Baustelle vorbei. Als ich sah, daß einige Männer dort arbeiteten, wechselte ich auf die andere Straßenseite. Sie pfiffen und versuchten, meine Aufmerksamkeit auf sich zu lenken. Ich sah einfach geradeaus und tat so, als ob ich nichts gehört hätte. Dann rief einer von ihnen: ›Sie hat 'nen fetten Hintern‹. Sie lachten alle. Jedes Mal, wenn so etwas passiert, bringt das all meine Unsicherheiten über das Aussehen meines Körpers ans Licht. Ich fühle mich total unattraktiv. Wenn Leute, die mich nicht kennen, sich damit abgeben, solche Bemerkungen über mich zu machen, dann muß doch etwas dran sein, oder?*«

Aber auch, wenn Sie Belastungen, Spannungen oder unangenehmen Ereignissen ausgesetzt sind, die nichts mit Ihrem Aussehen zu tun haben – sagen wir, Ihr Chef kritisiert Ihre Arbeit, oder Sie haben einen Rohrbruch in Ihrer Wohnung –, können Sie darauf trotzdem mit Ablehnung Ihres Körpers reagieren. Für viele Eßgestörte ist die Art und Weise, wie sie zu ihrem Körper stehen, ein sehr empfindliches Barometer, das die Einstellung zu ihrem Leben und zu sich selbst zu einem bestimmten Zeitpunkt anzeigt.

Beschäftigen Sie sich mit Körperformen

▶ Gehen Sie in das nächstgelegene Kunst-, archäologische oder anthropologische Museum oder auch in eine Bibliothek. Betrachten Sie die Bilder oder Statuen von Frauen. Sehen Sie, wie das Bild von der »Idealfigur« sich über die Jahrhunderte verändert hat und wie es sich in den verschiedenen Kulturen unterscheidet. Kaufen Sie sich Postkarten von griechischen oder römischen Statuen oder von afrikanischen Stammesfrauen. Hängen Sie sie z.B. über Ihrem Bett auf. Befassen Sie sich mit den Gedanken und Gefühlen, die sie auslösen.

▶ Gehen Sie in ein Café und beobachten Sie die Passanten. Können Sie jemanden finden, der nicht schlank ist wie ein Fotomodell und Ihrer Ansicht nach dennoch gut aussieht? Wovon hängt es ab, daß Sie meinen, jemand sehe gut aus? Ist es die Art, sich zu kleiden? Die Haltung? Der Gesichtsausdruck? Oder etwas anderes?

Lernen Sie Ihren Körper kennen

Wir haben die Erfahrung gemacht, daß viele Bulimiker und Bulimikerinnen ihren Körper gar nicht kennen. Wir möchten Ihnen an dieser Stelle einige Übungen vorschlagen, die Ihnen helfen werden, die lohnende Bekanntschaft mit diesem Teil Ihres Selbst zu machen.

▶ Beginnen Sie mit einem Teil Ihres Körpers, für den Sie ein zärtliches Gefühl hegen. Gönnen Sie es sich, sich eine Weile damit zu beschäftigen, indem Sie diese Stelle z.B. massieren oder eincremen. Weiten Sie den Bereich, den Sie auf diese Weise verwöhnen können, Schritt für Schritt aus.

- Betrachten Sie sich nackt in einem großen Spiegel. Betrachten Sie sich ganz genau, von Kopf bis Fuß. Vergessen Sie nicht Ihre Ohren und Ihre Fußsohlen. Nehmen Sie einen Handspiegel, und schauen Sie sich Ihren Rücken an. Was sehen Sie? Schreiben Sie drei Dinge auf, die Ihnen an Ihrem Körper gefallen und drei Dinge, die Sie nicht mögen. Hören Sie aber erst auf, wenn Sie etwas Positives über Ihren Körper notiert haben.
- Schreiben Sie drei Dinge auf, die einem nahen Freund oder einer nahen Freundin und einem Fremden an Ihrem Aussehen vielleicht gefällt, und drei Dinge, die ihnen vielleicht nicht gefallen.
- Schließen Sie die Augen, und streichen Sie über Ihren Körper. Fangen Sie mit dem Gesicht an, gehen Sie weiter nach unten. Erkunden Sie Ihren ganzen Körper wie eine Landschaft. Stellen Sie sicher, daß Sie alle Körperteile gut erspürt haben. Was nehmen Sie wahr? Ist Ihre Haut rauh oder glatt, warm oder kalt? Spüren Sie Hügel oder Schluchten? Haben Sie dabei angenehme oder unangenehme Gefühle, ist es beängstigend oder vielleicht schön?

Geben Sie Ihrem Körper, was er braucht

Wenn Sie Ihren Körper nicht mögen, ist es leider auch wahrscheinlich, daß Sie ihn vernachlässigen. Sie können sich aber nur wohlfühlen, wenn Sie ihn mit seinen Rhythmen und Bedürfnissen beachten und ernst nehmen. Hier sind einige Vorschläge, wie Sie sich und Ihrem Körper etwas Gutes tun können:

- Achten Sie darauf, daß Sie nachts genügend Schlaf bekommen. Gestehen Sie sich auch tagsüber Pausen zu. Treiben Sie sich nicht ständig an.
- Erstellen Sie eine Liste von Dingen, die Sie für Ihren Körper tun können, damit Sie sich wohlfühlen. Wie wär's mit Holz-

hacken, einem kleinen Sonnenbad, Schwimmen, den Garten umgraben, Tanzen, sich einen Friseurbesuch gönnen, sich massieren lassen...? Wenn Ihre Liste hauptsächlich Kraftsport enthält, denken Sie darüber nach, ob Sie sich dabei nur gut fühlen, weil Sie dabei eventuell abnehmen könnten.

Entspannung und Meditation

Entspannung und Meditation sind weitere vorzügliche Methoden, um Leib und Seele zu erholen. Das Ziel ist, sich in einen Zustand zwischen dem normalen Tagesbewußtsein und Schlaf zu versetzen. Wenn Sie Ihren Bewußtseinszustand mit einer Autofahrt vergleichen, dann streben Sie Fortbewegung im Leerlauf an. Es gibt mehrere Techniken, um dies zu erreichen; manche werden besser zu Ihnen passen als andere. Zu Anfang werden die Übungen ungewohnt sein und natürlich keine Wunder bewirken. Wie bei jeder Fertigkeit (Radfahren, Schwimmen u.s.w.) müssen Sie sie zuerst üben, um sie dann leicht anwenden zu können.

Entspannungsübung nach Jacobson

Die folgende Übung basiert auf der *progressiven Muskelentspannung* nach Jacobson. Bei diesem Entspannungsverfahren lernt man, alle Muskelgruppen des Körpers in einer bestimmten Reihenfolge anzuspannen und danach wieder zu lockern sowie gleichzeitig sehr aufmerksam die Empfindungen, die bei der Anspannung und bei der Entspannung auftreten, wahrzunehmen.

▶ Leichter als allein übt es sich mit einer geeigneten Begleiterin. Lassen Sie sich die Anweisungen von einer guten Freundin langsam – mit Sprechpausen – vorlesen, oder sprechen Sie selbst den Text auf eine Kassette und lassen sie diese während der Übung laufen.

▶ Lassen Sie sich sowohl bei der Anspannungs- als auch bei der Entspannungsphase genug Zeit zum Wahrnehmen und Spüren.
▶ Suchen Sie sich für Ihre Übung einen ruhigen Raum, in dem Sie vor Störungen sicher sind.
▶ Setzen Sie sich auf einen bequemen Stuhl mit Armlehnen, legen Sie Ihre Arme locker auf die Oberschenkel, oder legen Sie sich flach auf den Rücken.
▶ Achten Sie auf bequeme Kleidung; enge Kleidung oder eine Brille können bei der Entspannung hinderlich sein.

Übung

Setzen oder legen Sie sich möglichst entspannt hin. Schließen Sie Ihre Augen, oder – wenn Sie dies nicht angenehm finden – lassen Sie sie leicht geöffnet, und konzentrieren Sie sich auf Ihre Atmung. Lassen Sie den Atem frei fließen, und beobachten Sie dabei, wie sich Ihr Brustraum oder Bauchraum hebt und senkt.

Schließen Sie zunächst Ihre *rechte Hand* fest zu einer Faust. Spannen Sie an, verkrampfen Sie sich aber nicht. Halten Sie diesen Zustand eine Zeitlang und spüren Sie die starke Anspannung in Ihrer Hand und in Ihrem Unterarm. Der übrige Körper bleibt ganz entspannt und unbeteiligt. Der Atem fließt ruhig und regelmäßig. Beim nächsten Ausatmen lassen Sie die Hand locker. Spüren Sie, wie die Spannung aus Ihrer Hand weicht und wie angenehm es ist, die Hand nicht mehr anstrengen zu müssen.

Gehen Sie jetzt zu Ihrem *rechten Oberarm*. Beugen Sie den Ellbogen mit geballter Faust nach oben. Spannen Sie den Oberarm eine Zeitlang an, und beobachten Sie die Spannung. Beim nächsten Ausatmen lassen Sie den Arm wieder locker und legen ihn ab. Lassen Sie die Entspannung sich immer weiter ausbreiten.

Schließen Sie jetzt Ihre *linke Hand* fest zu einer Faust. Halten Sie die Spannung wieder eine Zeitlang und spüren Sie sie. Beim nächsten Ausatmen lassen Sie die Hand wieder locker. Spüren Sie, wie die Spannung immer weiter nachläßt.

Gehen Sie jetzt zu Ihrem *linken Oberarm*. Beugen Sie den Ellbogen mit geballter Faust nach oben. Spannen Sie den Oberarm an und halten Sie die Spannung. Der übrige Körper bleibt entspannt. Der Atem fließt regelmäßig. Beim nächsten Ausatmen lassen Sie den Arm wieder locker und legen ihn bequem ab. Spüren Sie, wie immer mehr Spannung aus ihm weicht.

Machen Sie jetzt mit den *Schultern* weiter. Ziehen Sie die Schultern – so weit es geht – nach hinten, halten Sie sie eine Weile so und lassen dann – mit dem Ausatmen – wieder los. Der Atem fließt regelmäßig weiter. Ziehen Sie jetzt Ihre Schultern ganz nach oben, und halten Sie sie dort eine Weile. Beobachten Sie dabei Ihre Spannung im Hals und Nackenbereich. Beim nächsten Ausatmen lassen Sie wieder los. Spüren Sie, wie die Schultern immer weiter angenehm herunterhängen.

Der ganze Körper ist schwer und unbeteiligt. Der Atem fließt ruhig und regelmäßig. Mit jedem Ausatmen sinken Sie noch etwas tiefer in die Entspannung.

Gehen Sie nun zu Ihren Beinen über. Wir beginnen mit den *Füßen*. Ziehen Sie die Zehenspitzen zu Ihrem Körper hin, halten Sie sie dort – und lassen Sie sie nach einer Weile wieder los. Krallen Sie jetzt die Zehenspitzen nach vorne ein, als ob Sie einen Bleistift festhalten. Verkrampfen Sie sich aber nicht dabei. Beim nächsten Ausatmen lassen Sie wieder locker. Beobachten Sie, wie Ihr Fuß immer entspannter wird.

Strecken Sie jetzt Ihre Fußspitzen weit vom Körper weg. Spannen Sie dabei die *Unterschenkel* fest an, halten Sie sie so eine Weile, und spüren Sie die Anspannung. Beim nächsten Ausatmen lassen Sie wieder locker.

Jetzt kommen wir zu den *Oberschenkeln*. Spannen Sie die Muskeln so weit es geht an. Der Atem fließt. Beim nächsten Ausatmen lassen Sie sie wieder locker. Spüren Sie, wie die Oberschenkel angenehm schwer langsam auf die Unterlage sinken und dort entspannt liegen bleiben.

Der übrige Körper ist ganz unbeteiligt. Auch Stirn, Augenlider und Kiefermuskeln sind ganz locker und entspannt. Mit jedem Ausatmen breitet sich die Entspannung in Ihnen aus.

Heben Sie nun die Beine leicht an, und spannen Sie dabei die

Bauchdecke an. Beim nächsten Ausatmen lassen Sie wieder los. Beobachten Sie, wie die Spannung weicht und einer angenehmen Entspannung Raum gibt. Versuchen Sie, die Bauchdecke ganz locker und entspannt hängen zu lassen.

Atmen Sie gleichmäßig und ruhig. Lassen Sie die Bauchdecke beim Einatmen sich nach außen wölben und beim Ausatmen nach innen fallen. Mit jedem Atemzug sinken Sie tiefer in die Entspannung.

Jetzt kommen wir zu Ihrem *Gesäß*. Spannen Sie alle Gesäß- und Beckenmuskeln so an, daß sich Ihr Körper etwas von der Unterlage abhebt. Halten Sie diese Spannung eine Weile, und spüren Sie sie. Beim nächsten Ausatmen lassen Sie wieder locker, und Ihr Gesäß sinkt auf die Unterlage.

Atmen Sie ruhig und gleichmäßig. Mit jedem Atemzug wird die Entspannung noch tiefer. Gehen Sie mit Ihrer Aufmerksamkeit noch einmal zu Ihren Armen, Schultern, Beinen und Rumpf, und spüren Sie, wie entspannt Sie dort sind. Falls Sie entdecken, daß einzelne Muskeln wieder angespannt sind, versuchen Sie, sie mit dem nächsten Ausatmen wieder locker zu lassen.

Nun gehen wir zum Kopf, zum Gesicht über. Der übrige Körper bleibt unbeteiligt. Beißen Sie ganz leicht, ohne zu verkrampfen, die *Zähne* aufeinander – und lassen Sie wieder los. Jetzt pressen Sie die *Lippen* aufeinander, ganz fest – und lassen Sie wieder los. Ziehen Sie nun die *Mundwinkel* so weit wie möglich auseinander, machen Sie einen ganz breiten Mund – und lassen Sie wieder locker. Der Atem fließt ganz frei. Der übrige Körper ist unbeteiligt. Schieben Sie den *Mund* nach vorn zu einem spitzen Mund zusammen, spitzen Sie die Lippen – und lassen Sie wieder locker. Entspannen Sie den Mund, und lassen Sie ihn hängen. Der Mund ist leicht geöffnet, und der Unterkiefer hängt entspannt etwas herunter.

Wir kommen jetzt zu den *Augenbrauen*. Ziehen Sie die Augenbrauen nach oben, indem Sie die Stirn runzeln. Spannen Sie die Stirn an, gehen Sie ganz in die Stirn. Beim nächsten Ausatmen lassen Sie wieder locker. Geben Sie dem Gefühl der Entspannung nach. Ziehen Sie jetzt die Augenbrauen über der Nasenwurzel zusammen, runzeln Sie die Augenbrauen – und lassen Sie dann wieder los. Versuchen Sie, die Stirn locker und entspannt zu lassen.

Jetzt reißen Sie beide *Augen* auf. Reißen Sie sie mit einem Ruck auf, und schließen Sie sie sofort wieder. Die Atmung geht ganz ruhig und regelmäßig. Kneifen Sie nun die Augen zusammen, als würden Sie geblendet – und lassen Sie wieder los. Halten Sie die Augen locker geschlossen. Die Augenlider liegen schwer auf den Augen.

Während Sie jetzt die Augen geschlossen lassen, versuchen Sie dabei, die Augäpfel nach links zu drehen, nach links ins Dunkel zu schauen – und lassen Sie die Augäpfel wieder los. Versuchen Sie, nicht zu verkrampfen. Der Atem fließt. Schauen Sie jetzt mit geschlossenen Augen nach unten – und lassen Sie wieder los. Schauen Sie nun ganz nach oben, so weit es möglich ist – und lassen Sie wieder los. Lassen Sie die Augäpfel ganz locker in ihrer Aufhängung hängen, und entspannen Sie ihre Augen.

Entspannen Sie sich immer mehr. Versichern Sie sich noch einmal, daß der gesamte Kopfbereich entspannt ist. Gönnen Sie sich, noch eine Weile in dieser Entspannung zu verbleiben. Mit jedem Atemzug wird die Entspannung noch tiefer. Beobachten Sie die Ruhe und das Verschwinden jeglicher Anspannung. Der ganze Körper ist locker, schwer und entspannt. Entspannen Sie sich weiter und weiter.

Wenn Sie den Wunsch haben aufzuhören, zählen Sie rückwärts von 4 bis 1, und tauchen Sie mit jeder Zahl ein bißchen mehr mit Ruhe und Klarheit aus Ihrer Entspannung auf. Atmen Sie einmal kräftig ein, recken und strecken Sie sich, und öffnen Sie zunächst nur die Augen. Zu Ihrer Zeit stehen Sie auf. Beginnen Sie auch hier mit angenehmem Räkeln und Dehnen Ihres gesamten Körpers.

Führen Sie diese Übung täglich durch, so kann sie Ihnen von Mal zu Mal leichter und entspannender gelingen. Wenn Sie das Gefühl haben, mit ihr vertraut zu sein, können Sie die Anzahl der benutzten Muskelpartien verringern, bis Sie einen Zustand der Entspannung allein durch die Konzentration auf wenige Muskelpartien erreichen können.

Phantasiereisen

Phantasiereisen sind eine wunderbare Methode, um zur Ruhe zu kommen, sich selbst zu finden und sich etwas Gutes zu tun. Beispielhaft stellen wir Ihnen im folgenden zwei solcher Imaginationsübungen vor. Wir haben sie in dem Buch *Du spürst unter deinen Füßen das Gras* von Else Müller entnommen. Lassen Sie sich die Traumgeschichten von einem netten Menschen vorlesen, während Sie mit geschlossenen Augen bequem irgendwo liegen, und begeben Sie sich auf Ihre innere Reise. Wenn Sie es alleine tun möchten, lesen Sie sich den Text, den Sie sich ausgesucht haben, vorher mehrmals durch, und lassen Sie sich ihn dann von Ihrer inneren Stimme vorsprechen. Eine weitere Möglichkeit ist, den Text auf eine Kassette aufzunehmen. Sprechen Sie dabei sehr langsam, und achten Sie auf längere Pausen.

Phantasiereise

Sandstrand

Du liegst an einem Strand –
liegst im weichen, zarten Sand –
du fühlst mit deinem Körper diesen weichen, warmen Sand –
an deiner Haut, er ist so weich und warm...

Die Sonne scheint –
es ist ein schöner Sommertag –
du spürst die Wärme auf deiner Haut –
auf deinem Körper, überall –
es ist ein wohliges Gefühl, diese Wärme zu spüren –
die Wärme zieht durch deinen ganzen Körper –
Ruhe durchströmt dich...

Du hörst das Meer, sein ruhiges, gleichmäßiges Rauschen –
die Wellen gehen auf und ab –
du spürst deinen Atem, ruhig und gleichmäßig –
ein und aus – ein und aus –

der Atem paßt sich den Wellen an –
ruhig und gleichmäßig – ein und aus – ein und aus –
ruhig geht dein Atem – den Wellen gleich –
du bist schwer, warm, ruhig und entspannt.

Ein leichter Wind weht über deine Stirn –
du fühlst dich wohl –
du bist ganz ruhig und entspannt...

Wiese

Du bist auf einer großen, weiten Wiese –
du läufst durch diese Wiese –
du spürst unter deinen Füßen das Gras –
es ist biegsam, weich, sommerwarm –
du hast Lust, dich ins Gras zu legen –
du spürst das Gras unter dir, wie eine weiche Decke...

Du siehst die Gräser, viele Arten –
siehst Blumen dort –
kleine Käfer krabbeln gemächlich –
du riechst das Gras, die Erde –
ein Schmetterling schaukelt an dir vorbei –
du siehst, wie schön seine Färbung ist –
die Zeichnung seiner Flügel, ganz aus Samt
scheinen sie zu sein...

Du hörst die Bienen summen und schwirren –
du schaust zum Himmel –
du siehst dort oben viel...

Du bist ganz ruhig, gelöst, entspannt –
Ruhe durchströmt dich –
du bist ganz ruhig und entspannt...

Meditation

Meditation ist eine altbekannte Methode, die den Menschen helfen kann, ihr Potential an innerer Kraft und Ruhe zu erweitern und auszuschöpfen. In fast allen religiösen oder spirituellen Traditionen lassen sich Meditationsformen finden. Meditation kann so etwas wie einen vierten Bewußtseinszustand auslösen, der nicht Schlaf, nicht Traum noch normales Wachsein ist. Körperliche Funktionen verlangsamen sich ähnlich wie im Tiefschlaf, doch bleibt die meditierende Person wach und taucht aus der Meditation mit einem Gefühl der Ruhe und Klarheit wieder auf.

Wir können Ihnen an dieser Stelle keine ausführliche Einführung in die Meditation geben, sondern möchten Ihnen nur eine kleine Meditationsübung vorstellen. Wenn Sie sich näher dafür interessieren, empfehlen wir Ihnen die am Ende des Buches aufgeführte Literatur.

Der Kelch – Meditationsübung

Begeben Sie sich an einen ruhigen Ort, und setzen, legen oder stellen Sie sich bequem hin. Achten Sie auf den natürlichen Fluß und den Rhythmus von Aus- und Einatmen. Bei einem gesunden Atem liegt der Akzent auf dem Ausatmen, also auf dem Hergeben – und so soll es auch in der Meditation sein. Der Atemrhythmus entspricht dabei dem Schema ›Aus – aus – Pause – ein‹ zu je einem Viertel. Der Vollzug dieses meditativen Atmens kann durch Bilder unterstützt werden, die den Sinn der Übung veranschaulichen, z.B. durch den Kelch.

Stellen Sie sich beim meditativen Atmen vor, Sie seien ein Kelch, das Gefäß einer Kraft. Der Kelch kann aufnehmen und wieder abgeben. Er steht auf festem Grund und ist nach oben offen. Er nimmt auf, was ihm die Atemquelle gibt, und reicht es weiter an andere, die auch Energie benötigen. Das Einatmen entspricht dem Anfüllen des Kelches oder dem Nehmen, das Ausatmen dem Entleeren des Kelches oder dem Geben, die Pause dem Innehalten beim Übergang von einem zum anderen.

Mit dem Körper leben, wie er ist

Das Leben mit bzw. in einem Körper, den man nicht mag, ist schwierig. Viele derjenigen, die uns aufsuchen, vermeiden es, wirklich zu leben: Sie gehen nicht aus, sie legen die Entwicklung von Beziehungen auf Eis und...und...und. Sie träumen alle denselben Traum. »Wenn ich nur ... dünner wäre, weniger birnenförmig, schlankere Oberschenkel oder nicht so einen dicken Bauch hätte etc., dann könnte ich endlich richtig leben.« Manche Leute verschwenden auf diese Art und Weise Jahre ihres Lebens!

Tragischerweise erreichen manche Menschen zu Anfang ihrer Eßstörung kurzfristig ihr angeblich »ideales« Aussehen, indem sie eine mörderisch harte Diät einhalten. Oft erscheint das Jahre später in ihrer Erinnerung als die einzig gute Zeit in ihrem Leben, zu der sie um jeden Preis zurückkehren wollen. Nur selten lassen es diese Menschen zu, sich daran zu erinnern, wie hoch der Preis war, den sie dafür gezahlt haben.

Julia, eine junge Frau, gab zu:

»Wenn ich mir selbst gegenüber ehrlich bin, war nicht alles rosig, als ich 45 kg wog. Ich dachte Tag und Nacht ans Essen. Ich träumte davon. Ich hatte manchmal Alpträume, in denen ich zwangsernährt wurde. Ich hatte bei absolut allem, was ich aß, Schuldgefühle. Ich konnte nicht einmal einen Apfel essen, ohne es zu bereuen. Ich erinnere mich an viele Auseinandersetzungen mit meinem Freund. Ich glaube, ich war damals sehr reizbar. Ich verlor das Interesse an Musik. Obwohl viele Leute sagten, wie hübsch ich aussähe, schienen meine nächsten Freunde zu denken, daß sich meine Persönlichkeit völlig verändert hatte. Ich war mit meinen Gedanken ständig woanders, ich konnte mich nicht konzentrieren, und ich konnte sie nicht ansehen,

wenn sie mit mir sprachen. Ihnen hat das überhaupt nicht gefallen.«

Frauen mit Eßstörungen neigen dazu, ihre Körperfülle zu überschätzen. Je mehr ihr Essen außer Kontrolle gerät, desto schlimmer wird es. Das Arbeiten an Ihrem Eßverhalten wird daher eine positive Auswirkung auf Ihre Einstellung zu Ihrem Körper haben. Einstellungen sind jedoch weitaus schwieriger zu verändern als Verhaltensweisen, und sie ändern sich daher langsamer. Selbst wenn es Ihnen gelingt, ziemlich schnell ein normales Eßverhalten anzunehmen, wird Ihr negatives Körperbild wahrscheinlich noch eine Weile weiterbestehen. Seien Sie geduldig. Sie können nicht alles über Nacht verändern.

Was Sie jedoch tun können, ist, an all den Dingen zu arbeiten, die Sie vermeiden, weil Sie Ihren Körper nicht mögen. Warum sollten Sie noch mehr Zeit vergeuden?

Susanne stellte eine Liste all der Dinge auf, die sie vermied. Sie schrieb sie in hierarchischer Reihenfolge auf, wobei sie mit den Situationen anfing, die sie am meisten fürchtete, um dann zu denen zu kommen, die sie am wenigsten fürchtete, aber dennoch vermied. Hier ist ihre Liste:

– Schwimmen gehen / in einem Bikini zum Strand gehen (unmöglich),
– einen langsamen Tanz mit einem Mann tanzen (sehr schwierig, einem anderen Menschen körperlich nahe zu kommen),
– zu einer Party gehen (schwierig, neue Menschen kennenzulernen und mit ihnen zu reden),
– mit Freunden in ein Restaurant gehen (beunruhigt, was sie von mir denken werden, wenn sie mich essen sehen),
– einen engen Rock tragen (besorgt über meinen Bauch und meine nicht vorhandene Taille),
– kurzärmelige T-Shirts tragen (nicht einfach, weil meine Arme schwabbelig sind),
– bunte Kleidung tragen (habe Angst, das könnte die Aufmerksamkeit auf mich lenken)

▶ Stellen Sie eine ähnliche Liste für sich selbst auf, und nehmen

Sie in der ersten Woche eine einfache Situation in Angriff und in der Woche darauf vielleicht eine etwas schwierigere. Beziehen Sie dies mit in Ihre wöchentlichen Ziele ein. Wenn Sie sich darauf einlassen, erwarten Sie nicht, daß es Ihnen leichtfallen wird oder daß es Ihnen zu Anfang überhaupt Spaß macht. Stellen Sie sich auf eine schwierige Zeit ein und darauf, ängstlich, befangen und skeptisch zu sein. Es wird ziemlich lange dauern, bevor Sie darauf hoffen können, sich mit sich selbst wohler zu fühlen. Gesund werden hat etwas mit Risikobereitschaft zu tun. Sie haben nichts zu verlieren, aber viel zu gewinnen.

7.
Zu Ihrer Gesundheit gehört auch Bewegung

Dieses Kapitel ist speziell für diejenigen unter Ihnen geschrieben, die zusätzlich zu ihrer Bulimie noch Probleme mit ihrem Gewicht haben. Wenn sich Ihr Gewicht also am oberen Ende der Bandbreite bewegt, die für Ihre Körpergröße angegeben ist (siehe die Tabelle in Kapitel 3), oder wenn es darüber liegt, dann sollten Sie dieses Kapitel auf alle Fälle lesen.

In unserer Gesellschaft ist es schwer, rundlich und zugleich glücklich zu sein. Die Zeiten von Rubens und üppigen Schauspielerinnen wie Marilyn Monroe und Jane Russell sind längst vorbei. Wenn Sie zu der schwereren Hälfte der Bevölkerung gehören, werden Sie kontinuierlich bedrängt, eine Diät zu machen. Illustrierte, Zeitungen, Bekannte, Ärzte und Ärztinnen, ja sogar Freunde können Sie dazu bringen, sich minderwertig zu fühlen, wenn Sie nicht versuchen, sich den herrschenden, von der Gesellschaft hochgehaltenen Normen anzupassen.

Johanna, eine hübsche junge Frau, beschreibt ihre Erfahrungen so:

»Ich war schon immer ein kräftiges Kind, auch als Teenager. Jetzt wiege ich 113 kg. Ich habe viele Jahre hinter mir, in denen ich deshalb Bemerkungen, Beschimpfungen und Erniedrigungen ertragen mußte. Es ist erstaunlich, aber jeder nimmt sich das Recht heraus, mich deswegen zu kritisieren. Neulich ging ich wegen Ohrenschmerzen zu einem neuen Arzt, den ich noch nicht kannte. Er untersuchte kurz mein Ohr und hielt mir dann einen langen Vortrag über die gesundheitlichen Risiken von Übergewicht und schickte mich dann zu einer Diätassistentin.« Johanna fand auch heraus: *»Solange ich versuche abzunehmen,*

sind die anderen mit mir zufrieden und ermutigen mich. Wenn ich aber in der Öffentlichkeit mal ein Stück Kuchen esse, kommen die Bemerkungen: ›Oh, ich dachte, Du hältst Diät? Ist das nicht ein bißchen unpassend? Denk doch mal daran, wie hübsch Du aussehen könntest, wenn du etwas abnehmen würdest?‹ Und selbst, wenn sie nichts sagen, kann ich die Mißbilligung an ihren Gesichtern ablesen. Ich kann sehen, wie sie denken: ›Sie läßt sich gehen‹.«

Vor kurzem bemerkte der international anerkannte Experte David Garner zur Situation der Übergewichtigen: »Übergewicht zu haben, ist immer noch eine der am meisten stigmatisierten körperlichen Eigenschaften in der westlichen Gesellschaft, was in den verschiedensten Situationen zu Diskriminierung führt. Es wird Zeit, daß größerer Wert auf die Akzeptanz von Dicksein gelegt wird, daß man sich mehr auf die Rechte der Übergewichtigen konzentriert und mit größeren Anstrengungen im Bereich öffentlicher Aufklärung dem Stigma des Dickseins entgegentritt.«

1992 begannen Frauengruppen in den USA, gegen die Diät-Diktaturen zu rebellieren und Personenwaagen kaputtzuschlagen mit der Parole: »Scales are for fish, not women.« (Im Englischen bedeutet ›scales‹ sowohl ›Waage‹ als auch ›Fischschuppen‹. Also: ›scales‹ sind für Fische, nicht für Frauen.)

Birgt Übergewicht gesundheitliche Risiken?

Ein schwerwiegendes Argument gegen Übergewicht ist, daß es der Gesundheit schadet; viele Diäten werden folglich auf ärztlichen Rat hin begonnen. Kampagnen zur Gesundheitserziehung betonen immer wieder, daß Übergewicht zu Herzkrankheiten, Bluthochdruck, Diabetes und Erkrankungen des Bewegungsapparates führen kann. Allerdings meinen Wissenschaftler heute, daß die möglichen Auswirkungen solcher Risiken übertrieben dargestellt werden, zumindest was diejenigen betrifft, die nur leichtes oder mäßiges Übergewicht haben. Neuere Forschungen haben auch gezeigt, daß nicht ein hohes Gewicht als solches das Risiko erhöht, sondern daß es die Gewichtsschwankungen (der Jo-jo-Effekt) sind – wie sie häufig bei Menschen vorkommen, die regelmäßig Diäten machen –, die zu Herzkrankheiten und sogar zum Tode führen können. Menschen, die dick und fit sind, unterliegen wahrscheinlich keinen größeren gesundheitlichen Risiken als ihre dünneren Zeitgenossen. Außerdem ist erwiesen, daß Übergewicht bei Männern (sichtbar als sogenannte Apfelform des Bauches) viel gesundheitsschädlicher ist als bei Frauen (»Birnenform« der Hüften).

Das unerreichbare Ziel: die Traumfigur

Vielleicht sagen Sie: »Das ist ja alles schön und gut, aber ich kann nicht darauf warten, bis die Gesellschaft so eine Figur wie meine akzeptiert. Ich möchte wirklich gern abnehmen.« Aus Kapitel 3 wissen Sie, daß Diäten nicht nur unwirksam sind, sondern daß jede Art von Diät Heißhunger und Eßattacken auslösen kann. Wenn sich Fasten und Fressen abwechseln, wird Ihr Gewicht rapide schwanken. Diese Instabilität führt zu schädlichen Stoffwechselstörungen im Fett- und Zuckerhaushalt mit Schwankungen des Insulinspiegels. Dies kann letztendlich dazu führen, daß Sie allmählich immer weiter zunehmen. Auf diese Weise hat eine Diät, die aus Gesundheits- und Schönheitsgründen begonnen wurde, genau den gegenteiligen Effekt.

Sabine, eine 23jährige Kosmetikerin, nahm in drei Jahren über 38 kg zu. Angefangen hatte es mit einer strengen Diät, die schließlich den Jo-jo-Effekt mit Eßattacken hervorbrachte und mit einer ständigen Gewichtszunahme endete.

Sabines Gewichtstabelle

So schmerzlich die Wahrheit auch ist, Sie müssen mit den Diäten aufhören, um Eßattacken zu verhindern, und Sie müssen es zulassen, daß sich Ihr Gewicht auf einem für Sie richtigen Niveau einpendelt. Sich dem zu stellen, kann extrem schwierig sein. Ein erster Schritt ist, wie wir es Ihnen ja früher schon vorgestellt haben, Ihre Eßgewohnheiten mit Hilfe eines Tagebuchs zu protokollieren. Es ist sehr wichtig, Ihre tägliche Nahrungsaufnahme in Mahlzeiten und Zwischenmahlzeiten einzuteilen.

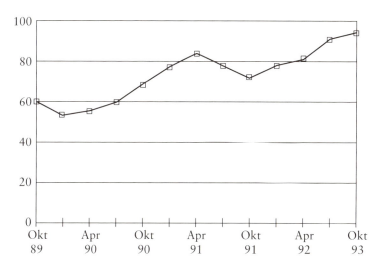

Anne, eine 24jährige Frau, fühlte sich nicht in der Lage, ihr Eßverhalten zu kontrollieren. An einem oder zwei Tagen in der Woche hielt sie Diät, und den Rest der Woche stopfte sie sich voll. Ihre Therapeutin wies sie darauf hin, daß sie am Tag drei Mahlzeiten und drei Zwischenmahlzeiten zu sich nehmen müsse und daß sie dabei alles essen könne, was sie wolle. »Ich war erstaunt. Mir wurde klar, daß ich fast mein ganzes Erwachsenenleben lang nie das gegessen hatte, was ich wollte. Ich hatte eine Diät nach der anderen gemacht, und hier wurde mir erzählt, doch regelmäßig zu essen, und zwar alles, was ich wollte,

inklusive Kartoffeln, Pudding und Süßigkeiten. Ich war total überrascht, als ich nach einer Woche, in der ich das befolgt hatte, drei Kilo abnahm. Ich habe nicht weiter abgenommen, aber es gelang mir, mein Gewicht zu halten, und zwar zum ersten Mal, soweit ich zurückdenken kann. Als ich mich nach einigen Monaten mit den regelmäßigen Eßgewohnheiten so richtig wohlfühlte, schlug meine Therapeutin vor, daß ich es nun wagen könne, etwas weniger zu essen. Ich machte es so, daß ich nicht mehr als 1700 Kalorien pro Tag zu mir nahm. Der einzige Unterschied war eigentlich nur, daß ich von allem etwas kleinere Portionen aß, aber ich habe weiterhin alles gegessen, was ich gern mag.«

Rückzug in die Isolation

Durch das Stigma des Dickseins können Folgeprobleme in bezug auf Ihren alltäglichen Lebensstil, Ihr Berufsleben oder Ihr soziales wie Familienleben entstehen. Vielleicht haben Sie Ihr Leben quasi »angehalten«. Solange Sie dick sind, wollen Sie sich alle Vergnügungen und Freuden versagen. Wenn Sie sich aber selbst Einsamkeit und Trübsal verschreiben und wenn Sie sich von dem leiten lassen, was die anderen über Sie denken oder sagen könnten, dann wird es Ihnen immer schlechter gehen. Deshalb ist es sehr wichtig, damit zu beginnen, sich eigene Ziele und Wertmaßstäbe zu setzen und das Leben dementsprechend zu gestalten.

Sabine, die wir Ihnen schon vorgestellt haben, war durch ihre Gewichtszunahme so sehr am Boden zerstört, daß sie ihre Stelle als Kosmetikerin aufgab, weil sie sich ihren Kolleginnen gegenüber minderwertig fühlte und sie nicht mehr in ihre Arbeitskleidung paßte. Sie schränkte ihr geselliges Leben immer mehr ein und verließ ihre Wohnung nur noch, um mit dem Auto einkaufen zu fahren. Sie fühlte sich elend und einsam. Auf die Ermutigung ihrer Therapeutin hin beschloß Sabine, mindestens einmal die Woche mit anderen auszugehen, obwohl sie nur bei dem Gedanken daran schon Blut und Wasser schwitzte. In der darauffolgenden Woche gab sie ihrer Therapeutin folgende Rückmeldung: »Ich hab's gemacht. Ich bin in die Kneipe gegangen. Ich war halb verrückt vor Angst, und als ich ankam, habe ich gefühlt, wie sich alle Blicke auf mich richteten, weil ich so fett und häßlich war und überhaupt schrecklich aussah. Ich war mit einer Freundin da, und wir haben uns an einen Tisch in einer Ecke gesetzt. Aber wissen Sie, nach zehn Minuten oder so, hatte ich total vergessen, daß mich die Leute anstarrten, und ich konnte mich entspannen und den Abend genießen. Ich hatte wirklich einen wunderbaren Abend, und nächste Woche gehe ich wieder aus.«

Bewegung

Vielleicht gehören Sie zu denen, die Sport schon in der Schule gehaßt haben, oder Sie sind wegen Ihrer schwachen Leistungen ausgelacht oder lächerlich gemacht worden. Vielleicht sind Ihnen sportliche Aktivitäten auch deshalb verleidet, weil Sie glauben, daß Sie nicht die richtige Figur oder Kleidergröße dafür haben, oder Sie möchten sich wie Sabine vor der Welt verstecken und sich in Ihr Schneckenhaus zurückziehen. Tun Sie das nicht! Niemand ist zu dick, um sich sportlich zu betätigen. Es gibt ungeheuer viele Möglichkeiten, die für Sie in Frage kommen; Sie können ja verschiedene Sportarten ausprobieren, um die für Sie richtige herauszufinden. Durch regelmäßige Bewegungsübungen werden Sie zwar nicht viel abnehmen, aber Ihr Stoffwechselumsatz erhöht sich, was wiederum dazu beiträgt, Ihr Gewicht konstant zu halten. Entgegen der landläufigen Meinung regt sportliche Betätigung den Appetit nicht an, sondern verringert ihn sogar etwas. Auch Beweglichkeit, Kraft und Ausdauer werden durch Bewegung gesteigert. Dies ist das ideale Mittel gegen Streß und zur Ablenkung von Ihren Problemen. Nach einer Übungsphase werden Sie sich wohlig warm, behaglich und entspannt fühlen. Daher kann sportliche Betätigung auch an die Stelle von Zuviel-Essen oder Abführen treten, die für Menschen mit Eßstörungen die Hauptmechanismen sind, um mit Streß fertigzuwerden. Regelmäßige Übungen können auch Depressionen verschwinden lassen und für einen gesunden Schlaf sorgen.

Denken Sie daran:

- Bewegungsübungen fördern die Gesundheit.
- Sie können Ihnen das Gefühl geben, etwas geschafft zu haben.
- Sport unterstützt Sie dabei, Ihr Gewicht zu halten und nicht zuzunehmen.
- Bewegung stärkt die Muskulatur.
- Sie verbrauchen Kalorien.
- Sie können Spaß haben!

Hindernisse überwinden

Die Alles-oder-Nichts-Lebenseinstellung, die viele Menschen mit Eßstörungen an den Tag legen, führt dazu, daß sie gleich in die vollen gehen und auch sportliche Betätigungen fast exzessiv betreiben, was sehr schmerzlich sein kann und dann nicht wiederholt wird. Es ist viel besser, mit etwas anzufangen, das Ihnen Spaß macht, und es dann langsam Schritt für Schritt auszubauen. Es muß nicht weh tun! Wenn doch, dann sind Sie zu hart zu sich selbst. Wenn Sie nicht mehr mühelos atmen können, lassen Sie es langsamer angehen.

Das Bedürfnis, es anderen recht zu machen – ein weiteres Charakteristikum für Menschen mit Eßstörungen – läßt Sie vielleicht denken, daß Sie für etwas, das hauptsächlich Ihnen zugute kommt, nicht so viel Zeit aufwenden können. Nehmen Sie sich die Zeit! Schon 20 Minuten zwei- bis dreimal die Woche können ausreichen, und wenn Sie einmal damit begonnen haben, werden Sie merken, daß diese Zeit leicht aufzubringen ist.

- Selbst wenn Sie kleine Kinder haben, können Sie Mittel und Wege finden, sich mehr zu bewegen. Manche Sport-, Freizeit- und Bildungseinrichtungen bieten Eltern-Kind-Kurse an, z.B. die Volkshochschule und der Landessportbund.
- Beziehen Sie Ihre Kinder – wenn Sie mögen – in Ihr Übungsprogramm mit ein. So wird bei den Kleinen schon der Grundstein für eine spätere positive Gewohnheit gelegt. Auf langen Spaziergängen können Sie sie im Kinderwagen mitnehmen, oder wenn Sie mit dem Fahrrad unterwegs sind, im Kindersitz.
- Vielleicht fällt Ihnen etwas ein, das Sie mit jemand anderem zusammen tun können? Können Sie nicht einen Freund oder eine Freundin dazu überreden, mit Ihnen zusammen in einen Kurs oder Verein zu gehen?
- Versuchen Sie, etwas zu finden, das sich leicht in Ihren Tagesablauf einfügt, damit Sie es regelmäßig tun können. Lassen Sie sich auf nichts ein, was lange Anfahrtswege erfordert oder vom Wetter abhängig ist.
- Die »Häßliches-Entlein«-Haltung (wie sie in Kapitel 10 beschrieben wird), mit der sie sich nur selbst schaden, bringt viele Übergewichtige dazu, sportliche Aktivitäten ganz zu vermeiden, da sie befürchten, dabei eine lächerliche Figur zu machen oder verhöhnt und verspottet zu werden. Obwohl es immer ein paar Ignoranten gibt, die so etwas tun oder so denken, werden Menschen, deren Ansichten Sie schätzen, Ihren Unternehmungsgeist und Ihren Mut begrüßen. Man wird Sie loben, daß Sie sich Herausforderungen stellen und etwas Positives tun, anstatt dem Problem aus dem Wege zu gehen.
- Wenn Sie Gesundheitsbeschwerden wie z.B. Probleme mit dem Herzen oder den Muskeln haben oder sich einfach nur fragen, ob sportliche Betätigung denn überhaupt das Richtige für Sie ist, dann sprechen Sie mit Ihrer Hausärztin oder Ihrem Hausarzt. Es gibt aber kaum jemanden, für den eine gemäßigte körperliche Betätigung ungesund oder gar gefährlich ist.

Wie Sie Ihre Lebensweise ändern können, um fitter zu werden

Haltungen wie »Alles oder nichts« bzw. »Entweder bin ich perfekt, oder ich bin zu gar nichts zu gebrauchen« sind auch bei sportlicher Betätigung total fehl am Platz. Sie müssen nicht mit einem Marathonlauf beginnen! Eine größere Beweglichkeit und eine bessere Ausdauer können schon durch kleine Veränderungen in Ihrem alltäglichen Leben erreicht werden, indem Sie z.B. mehr zu Fuß gehen und sowohl am Arbeitsplatz als auch im häuslichen Bereich aktiver werden. Um das umzusetzen, tun Sie einfach dieselben Dinge wie immer, aber so, daß damit mehr Bewegung verbunden ist.

Zu Fuß gehen: Spazierengehen eignet sich hervorragend und steht allen offen. Es kann herrlich entspannen und beruhigen, die Sinne erfreuen und den Geist anregen. Es gibt kaum ein Verletzungsrisiko und praktisch keine Gefahr, daß Sie sich überanstrengen. Das Tempo können Sie selbst bestimmen. Wenn Sie durchaus meinen, Sie hätten zuwenig Zeit für so etwas wie Spazierengehen, nutzen Sie diese Zeit dazu, nachzudenken, Musik oder Radio zu hören, eine Sprache zu lernen oder mit einem Freund oder einer Freundin zu sprechen.

Außer einigermaßen bequemen Schuhen brauchen Sie nichts, d.h. keine teure und aufwendige Ausstattung. Wenn Sie sich besonders gut vorbereiten wollen, geben Sie etwas Talkumpuder auf Ihre Füße und Ihre Socken, Strümpfe oder Strumpfhose. Hinterher können Sie einen Freund oder eine Freundin um eine Fußmassage bitten, oder bereiten Sie sich ein Fußbad mit aromatischen Ölen, und baden Sie Ihre Füße darin zehn Minuten lang.

Fangen Sie mit 15 Minuten pro Tag an, und steigern Sie die Zeit jeden Tag oder jede Woche um fünf Minuten, und zwar solange, bis Sie Ermüdungserscheinungen feststellen. Wenn Ihnen die 15 Minuten zu viel sind, beginnen Sie mit weniger. Das Ziel sollte eine Stunde pro Tag sein. Spazierengehen verbraucht übrigens dieselbe Menge an Kalorien, als wenn Sie die gleiche Strecke laufen oder rennen.

Denken Sie über Möglichkeiten nach, wie Sie Spazierengehen in Ihren Tagesablauf integrieren können:

- ▶ Stehen Sie 30 Minuten früher auf.
- ▶ Gehen Sie während der Mittagspause spazieren.
- ▶ Machen Sie nach der Arbeit oder vor dem Schlafengehen einen Spaziergang.
- ▶ Gehen Sie kurze Strecken zu Fuß, statt mit dem Auto zu fahren.

Finden Sie die beste Kombination von Ort, Zeit und Begleitung für sich heraus. Probieren Sie es aus. In Begleitung spazierenzugehen kann eine wunderbare Gelegenheit sein, sich einmal ohne die Ablenkung durch Fernsehen oder Zeitung zu unterhalten. Es kann beiden die Möglichkeit geben, locker zu werden und über Dinge nachzudenken.

Versuchen Sie, das Spazierengehen in Ihren Tagesablauf einzubauen, aber verzweifeln Sie nicht gleich, wenn Sie den einen oder anderen Tag auslassen. Versuchen Sie auch, Ihre Ferien in diesem Sinne zu planen.

Treppen steigen: Treppensteigen verbraucht mehr Kalorien pro Minute als z.B. Joggen oder Radfahren. Man kann es sehr leicht in seinen Tagesablauf integrieren, denn Treppen gibt es überall, zu Hause, am Arbeitsplatz, in Geschäften oder öffentlichen Einrichtungen. In manchen modernen Gebäuden bedarf es fast der Detektivarbeit, um die Treppen zu finden, aber sie sind da! Eine umfangreiche, amerikanische Studie, durchgeführt von Dr. Ralph Paffenbarger von der Stanford Universität, kam zu dem Schluß, daß Menschen, die täglich 50 Stufen steigen, ein geringeres Risiko haben, einen Herzinfarkt zu erleiden.

Vermeiden Sie, wo und wann immer es geht, den Fahrstuhl zu benutzen, oder fahren Sie nur bis eine Etage unterhalb Ihres Ziels, und gehen Sie dann eine Treppe zu Fuß. Versuchen Sie es so einzurichten, daß Sie, wenn Sie zur Toilette gehen oder sich etwas zu trinken holen, die Treppe benutzen müssen.

Hier sind Beispiele, wie Menschen, die Eßstörungen haben, ihre körperliche Beweglichkeit steigern konnten:

Anfangs war Susanne sehr pessimistisch, was den Versuch anging, ihr Bewegungsprogramm zu erweitern. Hatte sie doch schon einmal versucht, an einem Aerobic-Kurs teilzunehmen, den sie schon früher, bevor sie so zugenommen hatte, besucht hatte. Sie war bestürzt, als sich herausstellte, daß sie in der Gruppe nicht einmal bei den einfachsten Übungen mithalten konnte. Ihre Therapeutin erklärte ihr, daß sie erst ganz langsam wieder anfangen müsse, und gemeinsam beschlossen sie, daß zehn Minuten strammes Gehen alles sei, was Susanne anstreben sollte. »Als meine Therapeutin zehnminütiges strammes Gehen vorschlug, dachte ich, ich sei ein hoffnungsloser Fall. Denn ich hatte das Gefühl, daß ich entweder richtig trainieren müßte, und das dann stundenlang, oder gar nicht erst anzufangen brauchte. Meine Therapeutin erklärte mir, daß der Körper seine Zeit brauche, um sich auf die Übungen einzustellen, und daß es am besten sei, ihn Schritt für Schritt aufzubauen. Ich war nicht wirklich überzeugt. Aber ich habe mir gedacht, ich kann es ja mal probieren, weil ich doch so bestürzt war, daß ich Aerobic nicht machen konnte. Zu Anfang ging ich mit meiner Freundin abends spazieren, wenn es dunkel genug war und die Leute mich nicht sahen. Wir gingen immer eine Weile ganz gemütlich, bis ich sagte, daß es jetzt Zeit für meinen zehn-Minuten-Marsch sei, und dann legte ich wirklich an Tempo zu. Danach gingen wir langsam nach Hause zurück. Bald merkte ich, daß ich durch das stramme Gehen immer weniger müde wurde, und schließlich steigerte ich die Zeit um fünf Minuten pro Woche. Allein schon das Aus-dem-Haus-Gehen bewirkte, daß ich weniger empfindlich dagegen wurde, daß die Leute mich sehen konnten, und ich begann, auch tagsüber spazierenzugehen. Das Bewußtsein, etwas Positives gegen mein Problem zu tun und nicht nur herumzusitzen und darauf zu warten, daß es sich von alleine löste, gab mir ein sehr gutes Gefühl.«

Die 29jährige Klara fand es sehr schwierig, sich überhaupt Bewegung zu verschaffen, da sie als Telefonistin den ganzen Tag sitzen mußte. »Ich wußte einfach nicht, wie ich mir Bewegung verschaffen sollte und wie ich das in meinen Tagesablauf einbauen konnte. Dann hatte ich die Idee, auf dem Weg zur Arbeit eine Bushaltestelle früher auszusteigen und den Rest zu Fuß zu gehen. Als ich es die ersten paar Tage versuchte, war ich erstaunt, wie sehr es mich erschöpfte. Doch es fiel mir zusehends leichter, und meine Ausdauer machte sich bezahlt. Ich begann, zwei Haltestellen früher auszusteigen, dann drei, und heute, eineinhalb Jahre später, fahre ich mit dem Fahrrad zur Arbeit. Ich fühle mich so erhaben, wenn ich am Bus vorbeifahre und all die käsigen Gesichter sehe und mir vorstelle, daß ich auch einmal eins davon war.«

Einige Übungen für zu Hause

Bei den folgenden Vorschlägen handelt es sich nicht um ein vollständiges Übungsprogramm. Vielmehr möchten wir Ihnen Anregungen geben, damit Sie sich von Bewegungs- und Körperübungen überhaupt eine Vorstellung machen können. Wir empfehlen Ihnen, sich näher mit diesem Thema zu befassen. Literaturhinweise finden Sie im Anhang des Buches!

Viele geben Übungen zu Hause den Vorzug, weil es die private Umgebung ist und weil man keinen Babysitter braucht oder nicht erst irgendwo hinfahren muß. Sie haben vielleicht mehr davon, wenn Sie zuerst in einem Kurs lernen, wie Sie die Übungen richtig ausführen. Weiter unten beschreiben wir Ihnen fünf einfache Lockerungs- und Dehnungsübungen. Machen Sie sie mindestens dreimal die Woche. Sie werden merken, wie Ihr Körper geschmeidiger und entspannter wird. Auch bevor Sie zu etwas Anstrengenderem übergehen, sollten Sie sich damit aufwärmen. Gehen Sie alle Lockerungs- und Dehnungsübungen langsam und ruhig an. Wiederholen Sie jede einzelne 8-12mal. Häufigere Wiederholungen oder etwa ein schnelleres Tempo bringen keinen Vorteil. Sie müssen auch nicht gleich am ersten Tag mit 12 Wiederholungen beginnen. Machen Sie nur so viele, wie Ihnen angenehm sind, und steigern Sie die Anzahl dann Schritt für Schritt. Falls Sie unter Rückenschmerzen leiden, sollten Sie vielleicht zuerst mit Ihrem Arzt sprechen. Machen Sie die Übungen auf jeden Fall sehr behutsam.

Arme kreisen lassen: Das dient dazu, die Beweglichkeit Ihrer Schultern zu erhalten.

Stehen Sie aufrecht und locker, die Arme hängen an den Seiten herunter. Beschreiben Sie mit der rechten Schulter nach hinten einen Kreis. Machen Sie dasselbe mit der linken Schulter, und wechseln Sie dann ab.

Legen Sie die rechte Hand auf Ihre rechte Schulter. Beschreiben Sie mit Ihrem rechten Ellenbogen zunächst Rückwärtskreise, dann Vorwärtskreise. Wiederholen Sie dasselbe mit dem linken Ellenbogen, und wechseln Sie dann ab.

Lassen Sie Ihre Arme gerade an den Seiten herunterhängen. Halten Sie die Hüften nach vorne gerichtet, und beschreiben Sie mit Ihrem rechten Arm einen Aufwärtskreis nach vorne und zurück. Wiederholen Sie dasselbe mit dem linken Arm, und wechseln Sie dann ab. Bei jeder dieser Übungen können Sie auch beide Arme gleichzeitig kreisen lassen.

Sich nach vorne beugen: Das dient dazu, die Muskeln im Rumpf und vor allem in den Beinen zu dehnen.

Stehen Sie aufrecht und locker. Strecken Sie den ganzen Körper nach oben, als wenn Sie mit Ihren Fingerspitzen die Decke erreichen wollten. Dann beugen Sie leicht die Knie und lassen zuerst den Kopf und dann die Arme herunterhängen, um sich durch deren Gewicht langsam Wirbel für Wirbel herunterrollen zu lassen. Versuchen Sie, eine Weile so – mit leicht angewinkelten Knien – stehenzubleiben und mit den Händen an den Boden heranzukommen, so weit, wie es für Sie gerade noch angenehm ist. Richten Sie sich langsam wieder auf und wiederholen Sie die Übung. Rollen Sie beim Herunterbeugen wie beim Aufrichten Ihre Wirbelsäule sehr vorsichtig ab bzw. auf. Machen

Sie keine abrupten, eckigen Bewegungen, sondern runde, sanft fließende.

Seitwärts beugen: Das dient dazu, Ihre Seitenmuskeln zu dehnen und die Wirbelsäule beweglich zu halten. Überdehnen Sie sich nicht.

Stehen Sie aufrecht und locker, die Beine gespreizt, die Arme an der Seite. Beugen Sie sich langsam abwechselnd nach links und rechts, und lassen Sie dabei Ihre Hände am Bein heruntergleiten. Nehmen Sie zwischen den Beugungen immer wieder die Ausgangsposition ein. Halten Sie Ihre Beine gerade. Achten Sie darauf, daß Sie sich auch wirklich zur Seite beugen und nicht einfach die Schultern nach vorne fallen lassen. Beugen Sie sich nur so weit, wie es für Sie gerade noch angenehm ist, und richten Sie sich dann wieder auf. Auch hier gilt: langsam ist besser.

Beine vorwärts und rückwärts schwingen: Das dient dazu, Ihre Hüften beweglich zu halten und die Oberschenkelmuskulatur zu trainieren.

Stehen Sie aufrecht und locker, mit dem Gewicht auf dem linken Bein. Wenn nötig, stützen Sie sich mit der linken Hand auf eine Stuhllehne. Schwingen Sie das Bein wie ein Pendel locker vor und zurück. Danach heben Sie allmählich das Bein so hoch, wie Sie es noch bequem können, wobei Sie das linke Knie beugen und Ihren Körper möglichst aufrecht halten sollten. Wiederholen Sie dasselbe mit dem anderen Bein.

Wadenübung: Sie dient dazu, Ihre Wadenmuskeln zu dehnen und das Fußgelenk beweglich zu halten:

Stellen Sie sich, eine Armlänge entfernt, vor eine Wand. Stützen Sie sich mit den Händen an der Wand ab. Strecken Sie das rechte Bein so nach hinten weg, daß der Ballen noch den Boden berührt und die Zehen zur Wand zeigen. Drücken Sie jetzt behutsam Ihre Ferse nach unten in Richtung Boden, wobei Sie das linke Knie ruhig beugen können.

Setzen Sie sich auf den Boden, die Beine gerade nach vorne gestreckt und die Knie so nah am Boden, wie es für Sie gerade noch bequem ist. Legen Sie Ihre Hände oben auf die Oberschenkel, und lassen Sie sie behutsam – mit geradem Rücken – an den Beinen heruntergleiten, so weit Sie können. Dabei wird hauptsächlich Ihr Becken nach vorne bewegt und Ihre rückwärtigen Muskeln und Sehnen gedehnt. Richten Sie sich vorsichtig wieder auf, und wiederholen Sie die Übung. Schnellen Sie nicht nach vorne. Sich zu dehnen und zu strecken heißt auch, sich auszudehnen, sich Raum und Beweglichkeit zu verschaffen. Es soll nicht heißen, sich zu überdehnen und zu verletzen!

Außerhäusliche Aktivitäten

Schwimmen: Schwimmen erhöht Ihre Kraft, Ausdauer und die Geschmeidigkeit Ihres Körpers. Es ist besonders gut, wenn Sie schwer sind oder Rücken- bzw. Gelenkbeschwerden haben, da das Wasser den Körper trägt. In vielen Bädern gibt es spezielle Badezeiten nur für Frauen oder für Frauen mit Kleinkindern.

Susanne war schon immer dick gewesen, aber nach der Geburt ihres Kindes wurde ihr Eßverhalten noch unregelmäßiger. Sie nahm zu. Eigentlich war sie recht aktiv gewesen, aber da sie sich immer mehr wegen ihres Körpers schämte, unternahm sie immer weniger. Als man ihr vorschlug, es doch mal mit Schwimmen zu versuchen, zögerte sie. Sie wandte ein, daß sie sich schämt, sich im Badeanzug in der Öffentlichkeit zu zeigen. Trotzdem schaute sie einmal beim örtlichen Hallenbad und Freizeitzentrum vorbei, um sich zu informieren. Es gab zwar keine für Frauen reservierten Badezeiten, aber man konnte auch schon früh am Morgen schwimmen. Sie entschloß sich, ein langes T- Shirt über ihrem Badeanzug zu tragen und es für den Anfang mit den frühen Morgenstunden zu versuchen. Sie bemerkte bald, daß die Leute um diese Zeit noch schläfrig und mit sich selbst beschäftigt waren und sie gar nicht beachteten. Auf diese Weise war sie in der Lage, dreimal die Woche morgens schwimmen zu gehen.

Margot liegt seit ihrer Kindheit schon immer im oberen Bereich des Normgewichts. In ihrer Familie ist gehäuft Diabetes aufgetreten, und während ihrer Schwangerschaft zeigten sich auch bei ihr Symptome dieser Erkrankung, die aber nach der Geburt verschwanden. Allerdings machte sie sich Sorgen, daß sie, wenn sie wegen ihres Gewichts nichts unternähme, mit großer Wahrscheinlichkeit auch erkranken könnte. Ihr war klar, daß es gut für sie wäre, sportlich aktiver zu sein. Der Arzt hatte ihr Schwimmen empfohlen. Sie befürchtete aber, daß sie sich bei ihrer finanziellen Lage häufige Schwimmbadbesuche nicht leisten könne, und deshalb startete sie mit Unterstützung ihres Arztes eine kleine Kampagne. Für viele von Ihnen kommt eine so drastische Aktion vielleicht nicht in Frage. Aber für diese Patientin war es gut und richtig, ihr Anliegen auf diese Art durchzufechten. Sie schrieb folgenden Brief an den für Freizeitaktivitäten zuständigen leitenden Angestellten der kommunalen Verwaltung, an die Ratsmitglieder ihres Bezirks, an die Leiter der Schwimmbäder, an den örtlichen Bundestagsabgeordneten und an die Staatssekretäre für Gesundheit und Soziales.

Sehr geehrter .....,

ich habe mit meinem Gewicht Probleme, so daß meine Gesundheit gefährdet ist. Eines der Ziele des Gesundheitsministeriums lautet, daß das Auftreten von starkem Übergewicht verringert werden sollte. Es ist allgemein anerkannt, daß sportliche Betätigung die Gesundheit fördert und dabei hilft, Kontrolle über sein Gewicht zu erreichen.

Aus diesem Grunde würde ich gerne schwimmen gehen, denn das hat mir auch mein Arzt als die für mich am besten geeignete Methode empfohlen. Es gibt da allerdings zwei Probleme, die mich davon abhalten, dies in die Tat umzusetzen:

(1) Ich kann es mir finanziell nicht leisten, regelmäßig schwimmen zu gehen.

(2) Ich habe Angst und bin eingeschüchtert, wenn ich es doch einmal tue.

Kann für diejenigen, die es sich nicht leisten können und denen der Arzt eine Veränderung ihrer Lebensweise empfohlen hat, keine Möglichkeit geschaffen werden, kostenlos zu schwimmen?

Wäre es nicht auch möglich, für übergewichtige Menschen wie mich oder für solche mit anderen Behinderungen spezielle Zeiten zu reservieren?

Ich bin gerne bereit, persönlich mit Ihnen darüber zu sprechen, wenn Sie es wünschen.

Vielen Dank für Ihre Hilfe.

Margot Müller

Radfahren: Es erhöht Ihre Ausdauer und stärkt Ihre Beine. Gebrauchte Räder sind günstig zu bekommen. Sie können sich einen Radwegeplan bei der Stadt oder eine Radwanderkarte in der Buchhandlung besorgen. Sie können sogar einem Verein beitreten.

Joggen/Laufen: Es ist sehr verbreitet, aber man sollte darauf achten, langsam zu beginnen und die Gelenke zu schonen. Laufen Sie deshalb am besten nur auf weichem Untergrund und in guten Schuhen. Vielleicht gibt es in Ihrer Nähe einen Lauftreff mit einem Angebot für Anfänger.

Bowling/Kegeln: Das ist ein auf Geselligkeit ausgerichteter Sport. Es gibt immer mehr Gruppen und Vereine, in denen sich Menschen jeden Alters zusammenfinden.

Sportarten mit Schlägern: Einige dieser Sportarten, wie z.B. Federball (Badminton) sind gut für Anfänger geeignet und können in Abendkursen oder Vereinen gespielt werden (z.B. Einführungskurse beim Landessportbund).

Judo und andere Kampfsportarten: Einführungskurse bieten Vereine, Volkshochschulen und der Landessportbund.

Gymnastikgruppen, Bewegung, Tanz: Sie sollten darauf achten, daß Ihr Kurs das richtige Niveau für Sie hat. Fangen Sie mit einer Anfängergruppe an. Es ist auch sehr wichtig, daß Ihnen der Lehrer oder die Lehrerin zusagt. Das ist jedoch nicht immer der Fall, vielleicht müssen Sie die Gruppe wechseln und einen zweiten Anlauf nehmen.

Yoga, Tai Chi (chinesisches Schattenboxen) und Aikido: Angebote finden Sie beim Landessportbund, im Volkshochschulprogramm oder Vereinen.

Selbstverteidigung: Einführungskurse werden auch speziell nur für Frauen angeboten.

8.
Rückfälle – drehen Sie sich im Kreise?

Ihre Eßstörung wird bis zum Ende Ihres Lebens eine Ihrer Schwachstellen bleiben und Sie immer dann zum Stolpern bringen, wenn Sie es am wenigsten erwarten. Es ist gut zu wissen, wie man Rückfälle vermeidet und was man tun kann, wenn doch ein Rückfall auftritt.

Planen Sie Ihren Rückfall!

Alle Patienten, die sich von einer Eßstörung erholen, haben zahlreiche Rückschläge, bevor die Eßstörung in den Hintergrund tritt. Dieses Wissen kann Ihnen dabei helfen, nicht zu sehr in Panik zu geraten, wenn Sie einen Rückfall erleiden. Viele Erkrankte werden gerade dann, wenn sie eine Zeitlang keine Eßattacke hatten und nicht erbrochen haben, immer besorgter darüber, daß ein Rückschlag nun jeden Tag passieren und sie härter denn je treffen könnte.

Eine sehr pragmatische Art, mit dieser Panik umzugehen, ist, den Rückfall selbst zu planen. Nein, wir nehmen Sie nicht auf den Arm: Bewußt zu provozieren, wovor Sie am meisten Angst haben, ist eine bewährte Methode zur Überwindung von Ängsten.

▶ Nehmen Sie sich ein bißchen Zeit, kaufen Sie die Lebensmittel ein, die Sie bei einer Eßattacke am liebsten verzehren. Legen Sie alle Nahrungsmittel vor sich auf den Tisch, und essen Sie davon, soviel Sie können. Konzentrieren Sie sich so gut wie möglich auf Ihre Eßattacke. Können Sie sich dazu zwingen, alles genauso in sich hineinzuschlingen wie früher? Wie fühlt es sich an? Ist es wirklich das Schrecklichste, das Ihnen jemals im Leben passieren könnte? Glauben Sie, nachdem Sie dies getan haben, Sie müßten wieder von vorne anfangen?

▶ Wiederholen Sie diese Übung wenigstens einmal im Monat, solange Sie Ihren Fortschritten noch nicht trauen.

Machen Sie aus einer Mücke keinen Elefanten. Verurteilen Sie sich nicht, wenn Sie einer ungeplanten Eßattacke erliegen. Sicherlich neigen Sie dazu, den Vorfall zu »dramatisieren« und sich selbst zu verachten. Vielleicht halten Sie sich nach diesem Ausrutscher für eine totale Versagerin bzw. einen absoluten Versager. Sie mögen überzeugt davon sein, daß sich Ihr Zustand nie bessern wird. Sie sagen sich vielleicht, daß es zu schwierig ist, sich zu verändern, und daß die Unannehmlichkeiten des Versuchens und Versagens und Wiederversuchens nicht zu ertragen sind.

Es ist wichtig, daß Sie die mangelnde Logik hinter diesen Aussagen erkennen und Argumente dagegen finden. Betrachten Sie die Versuchung, sich zu überessen und zu erbrechen, als eine Art Probe. Manchmal können Sie widerstehen und manchmal nicht. Ein Fehlschlag bedeutet nicht, daß Sie auch beim nächsten Mal versagen werden.

Aus Rückfällen lernen

Versuchen Sie, sich von Ihren Rückfällen zu distanzieren, und denken Sie kühl und kritisch darüber nach, wie es eigentlich dazu gekommen ist. Sagen Sie nicht, daß es einfach so passiert ist. Es gibt immer einen Grund. Stellen Sie sich die folgenden Fragen:

– Habe ich gegen eine oder mehrere der Grundregeln zur Ernährung, wie sie in Kapitel 2 stehen, verstoßen? Habe ich in der letzten Zeit bei den Mahlzeiten genug gegessen? Habe

ich Mahlzeiten ausgelassen oder lange Zwischenräume zugelassen?
- Ist die Eßattacke immer noch die einfachste und schnellste Art und Weise, um Freude in mein Leben zu bringen? Wenn dies der Fall ist, sollte ich mein Leben dann so verändern, daß ich mir auf andere Arten, die keine problematischen Langzeitwirkungen haben, ein Gefühl des Wohlbefindens verschaffen kann?
- Wurde mein Rückfall durch Streß, Ärger, Unglücklichsein, Ängste oder irgendein anderes unangenehmes Gefühl ausgelöst? Falls dies der Fall war, welche anderen Möglichkeiten habe ich, um mit diesen Auslösern umzugehen?

Je gründlicher Sie über Ihre Rückfälle nachdenken, desto mehr können Sie daraus lernen. Neue Erkenntnisse können Ihnen dabei helfen, andere Pläne zu machen, die entweder verhindern, daß Sie in Versuchung geraten, oder die es Ihnen ermöglichen, anders mit der Versuchung umzugehen, falls sie doch auftritt. Ignorieren Sie einen Ausrutscher nicht einfach, und verlassen Sie sich nicht nur auf Ihre Willenskraft. Unternehmen Sie aktive Schritte, um die Verhaltensweisen und Situationen zu verändern, die als Auslöser wirkten, und bitten Sie andere, Ihnen bei diesen Veränderungen zu helfen. Denken Sie vor allem daran: Wenn Ihnen einmal ein Ausrutscher passiert, liegt es allein an *Ihnen, zu entscheiden*, ob Sie weiterhin zwanghaft essen und einen vollständigen Rückfall riskieren wollen, oder ob Sie es als eine Episode in Ihrem Leben betrachten und alles tun werden, damit es nicht im nächsten Moment wieder passiert.

Haben Sie mehr »Sollte«- als »Möchte«-Aktivitäten?

Für Frauen ist es besonders schwer, sich nicht von Pflicht- oder »Sollte«-Aufgaben auffressen zu lassen. Viele Frauen, und besonders diejenigen, die unter Eßstörungen leiden, widmen den größten Teil ihrer Zeit der Aufgabe, die Bedürfnisse anderer zu befriedigen, sei es am Arbeitsplatz, in der Familie oder in anderen sozialen Beziehungen. Sie haben oft Schwierigkeiten, sich um ihre eigenen Bedürfnisse zu kümmern oder überhaupt zu erkennen, daß sie solche haben. Ein Ungleichgewicht zwischen den »Pflicht«-Aufgaben, die Sie häufig als unangenehm empfinden, und den »Möchte«-Aktivitäten, die Sie gerne machen, ist oft für Rückfälle verantwortlich. Dabei ist die Einstufung der einzelnen Handlungen in »Sollte«- und »Möchte«-Aktivitäten völlig subjektiv, wie das folgende Tagebuch einer unserer Patientinnen zeigt:

Isabell ist eine junge Rechtsanwältin, sie hat ihre »Sollte«- und »Möchte«- Aktivitäten folgendermaßen in ihr Tagebuch eingetragen.

Sollte-Möchte-Tagebuch

AKTIVITÄT	SOLLTE	MÖCHTE
Aufstehen	+	
Fahrt zur Arbeit	+	
Abwickeln von Post und Telefon	+	
3 Termine	+	
spät dran, kein Mittagessen	+	
zur Bank gehen	+	
Berichte schreiben	+	
2 weitere Kunden	+	
Einkaufen – Plätzchen oder Schokolade für den Nachhauseweg		++
Fahrt nach Hause	+	
Erbrechen		+
Wohnung aufräumen	+	
Wäsche bügeln	+	
Berichte für die Arbeit fertigstellen	+	
Abendessen		+
Freßattacke		+

Wie Sie sehen, war der größte Teil von Isabells Tag mit »Sollte«-Aktivitäten ausgefüllt. Alles, was sie sich auf der »Möchte«-Seite zugestand, hatte mit Essen zu tun und war auf den Abend konzentriert. Können Sie sich darin wiederfinden? Verschafft Ihnen Essen, wenn Sie es sich gönnen, eine ähnliche Befriedigung? Oftmals ist Überessen für Frauen mit Eßstörungen die einzige Befriedigung oder das einzige Vergnügen, das sie im Leben haben (und auch dasjenige Vergnügen, das am leichtesten zu realisieren ist).

- ▶ Führen Sie eine Woche lang Tagebuch über Ihre eigenen »Sollte«-und »Möchte«-Aktivitäten.
- ▶ Sind Sie ein Mensch, der den »Sollte«-Aktivitäten im Leben die Oberhand läßt? Sie müßten einen Ausgleich in Ihrem Leben schaffen und darauf achten, daß Sie Aktivitäten einbeziehen, die sowohl Ihrem Körper als auch Ihrem Geist guttun.
- ▶ Überlegen Sie sich, wie Sie Ihr Leben ausgeglichener gestalten können.
- ▶ Was – außer Essen – könnte Sie trösten und interessieren?
- ▶ Machen Sie eine Liste der »Sollte«-und »Möchte«-Aktivitäten. Beziehen Sie auf Ihrer Liste große und kleine Dinge mit ein, auch wilde, dekadente Träume, z.B. ein »dreiwöchiger Urlaub in einem Luxushotel auf Barbados«, und einige einfache Sachen wie »jeden Morgen zehn Minuten für mich selbst, um meine Entspannungsübungen zu machen«. Fangen Sie mit kleinen Dingen an, und achten Sie darauf, daß Sie wenigstens eines davon in Ihren Tagesablauf einbauen.

9.
Die Wunden der Kindheit

Auswirkungen einer problematischen Kindheit

Manche von Ihnen sind um die sichere, konsequent liebevolle und fördernde Erfahrung, die jedem Kind zusteht, betrogen worden. Ein problematisches oder unzulängliches Elternhaus, häufiger Streit und Gewalt zwischen Mutter und Vater, körperliche oder sexuelle Mißhandlung finden sich oft in der Lebensgeschichte von Eßgestörten. Familiäre Schwierigkeiten können das Ergebnis einer Scheidung oder eines Todesfalles sein oder aus psychologischen Problemen (z.B. Depression, Alkoholmißbrauch) seitens der Eltern stammen.

In anderen Fällen liegen die Probleme weniger offen. Ihre Eltern hatten vielleicht wenig Zeit oder Energie für Sie übrig, interessierten sich wenig und waren daher körperlich oder emotional wenig zugänglich. Vielleicht waren sie zu sehr von der Arbeit in Anspruch genommen oder nach dem Scheitern ihrer Ehe depressiv. Vielleicht gaben sie Ihnen das Gefühl, Sie würden nur akzeptiert, wenn Sie besonders gut, intelligent oder erfolgreich wären. Mangelnde Anerkennung und vorenthaltene Liebe können tiefe Narben und anschließende Schwierigkeiten in Beziehungen und anderen Lebensbereichen nach sich ziehen.

Sandra wuchs in Südafrika auf. Ihre Eltern trennten sich, als sie vier war. Ihre Mutter heiratete wieder; der Stiefvater war ein Alkoholiker. Wenn er betrunken war, prügelte er Sandra und ihre beiden Schwestern oder zwang sie, Alkohol zu trin-

ken. Es gab permanent Streit zwischen den Eltern. Sandra mußte mehrfach sehen, wie ihr Stiefvater ihre Mutter verprügelte. »Wir hatten panische Angst, wenn sie sich stritten. Oft fürchtete ich, er könnte meine Mutter umbringen.« Die meiste Zeit war Sandra völlig auf sich selbst gestellt. Es gab etliche Bedienstete; einer zwang Sandra mehrfach zum Geschlechtsverkehr. Er drohte, sie umzubringen, wenn sie ihre Eltern informieren würde. Als Sandra zwölf war, verließ ihre Mutter den Stiefvater, und Sandra wurde nach England zu ihrem leiblichen Vater geschickt. »Anfangs wollte ich bei ihm leben. Als ich noch bei meiner Mutter und meinem Stiefvater wohnte, träumte ich sogar davon, daß mein Vater kommen und mich retten würde. Aber als ich dann bei ihm lebte, wurde unsere Beziehung sehr problematisch. Er war ziemlich streng und drängte mich, viel für die Schule zu arbeiten. Oft krittelte er an mir herum, an meiner Kleidung, meinen Freunden. Er meinte, ich müsse mehr für die Schule tun. Ich glaube schon, daß er sein Möglichstes tat, um mit mir auszukommen. Aber ich war in dem Alter ziemlich rebellisch, und ich hatte einfach wenig Vertrauen zu ihm.«

Die Folge solch negativer Erfahrungen in der Kindheit sind oft ein geringes Selbstwertgefühl, Depressionen, unterdrückte Wut oder auch offene Rebellion und Schwierigkeiten mit vertrauensvollen Beziehungen. Anstatt in der Beziehung mit anderen einen Mittelweg zwischen Geben und Nehmen zu finden, pendeln Menschen mit diesen Erfahrungen zwischen extremen Positionen: Entweder sie idealisieren die Menschen, stellen sie auf ein Podest, oder sie empfinden nur Negatives für sie. Dies führt zu Einsamkeit, zu dem Gefühl, im Stich gelassen zu sein oder zur Mißachtung der eigenen Bedürfnisse.

Erkennen Sie Elemente Ihrer eigenen Geschichte wieder?

- Mußten Sie sich selbst behaupten, weil Ihre Eltern nicht da oder zu beschäftigt waren, und mußten Sie deshalb frühzeitig erwachsen werden?

- Wurden Sie überstreng erzogen und fühlen sich jetzt gebrochen oder rebellisch?
- Fühlten Sie sich nur geliebt, wenn Sie besonderen Maßstäben, Verhaltensweisen oder einem speziellen Aussehen entsprachen?
- Hatten Sie das Gefühl, Ihre Eltern seien perfekt? Waren Sie und Ihre Eltern beste Freunde? (In diesen Fällen mag es schwer sein, die Idealisierungen aufzugeben und andere Beziehungen einzugehen.)
- Meinen Sie, daß man Sie beneidet hat und daß Sie bessere Chancen hatten als andere? (Dieses Gefühl kann dazu führen, daß Sie Ihrem Glück selbst im Wege stehen und es nicht zulassen wollen.)
- Haben Sie das Gefühl, daß Ihre emotionalen und körperlichen Bedürfnisse mißachtet wurden, oder waren Sie gar der Sündenbock für die Wut oder Unzufriedenheit Ihrer Eltern?

Ein gutes Hilfsmittel, um der eigenen Lebensgeschichte auf die Spur zu kommen, ist der *Familienstammbaum.* Wir schlagen Ihnen vor, Ihren Stammbaum zu Papier zu bringen und mit seiner Hilfe folgenden Fragen nachzugehen:

▶ Was haben Sie für Erinnerungen an Ihr frühes Familienleben. Wie ging man in Ihrer Familie mit folgendem um?
  - Verwandte
  - Mahlzeiten/Feiern
  - Schule/Freunde
  - Religion/Werte, Normen, Autoritätspersonen
  - Geld/Begabungen/Geschenke
  - Krankheiten/Verluste

▶ Sie können Ihre Lebensgeschichte unter Einbeziehung der oben genannten Ereignisse auch aufschreiben. Versuchen Sie, Werte, Normen und Leitsätze Ihrer Familie sowie zugrundeliegende Beweggründe herauszufinden.

▶ Zeigen Sie Ihre Erinnerungen einem Freund oder einer Freundin.

Sexueller Mißbrauch

Sexueller Mißbrauch in der Kindheit ist ein Trauma, mit dem sehr schwer zurechtzukommen ist. Es ist besonders schwierig zu benennen, weil es von Heimlichkeit und Tabuisierung umgeben ist. Sexueller Mißbrauch in der Kindheit bedeutet, daß ein Erwachsener ein Kind in einer sexuellen Weise berührt oder benutzt. Das kann verschiedene Handlungen einschließen. Entscheidendes Merkmal ist, daß der Erwachsene dadurch, daß er größer und stärker ist sowie Macht und Autorität besitzt, sein Opfer zu sexuellen Handlungen zwingen kann.

Hier sind einige Beispiele für sexuellen Mißbrauch:

- gestreichelt und geküßt werden in einer Art, die einem unangenehm ist;
- gebadet werden in einer Weise, die einem unbehaglich ist;
- gezwungen werden, Geschlechtsverkehr zu beobachten oder die Genitalien anderer anzuschauen;
- Sexfilme/-videos vorgeführt bekommen oder Gespräche sexuellen Inhalts anhören müssen;
- für Pornofotographien posieren müssen;
- an Brüsten oder Genitalien berührt werden;
- gezwungen werden, die Genitalien eines Erwachsenen oder einer älteren Person zu berühren;
- zu oralem Sex gezwungen werden;
- Vergewaltigung (Penetration unter Anwendung von Zwang oder Gewalt), indem der Erwachsene seinen Finger, den Penis oder ein Objekt in die Scheide oder den After des Kindes einführt.

Kindesmißbrauch ist meist mit körperlicher, in fast allen Fällen aber mit seelischer Gewalt verknüpft. Wir wissen, daß Mißbrauch zu Verwirrung, Angst, Wut, Scham und Selbstvorwürfen führen kann und dazu, daß das Opfer eine sehr schlechte Meinung von sich hat. Wenn die Opfer keine Hilfe erfahren, haben sie in der Regel im späteren Leben mit schweren Problemen zu kämpfen. Sexueller Mißbrauch ist erniedrigend. Jeder und jede hat das Recht, über seinen bzw. ihren eigenen Körper zu bestimmen. Eltern und Erwachsene sollten dieses Recht für Kinder und Jugendliche eigentlich verteidigen. Daher kann jede Situation, in der physische und psychische Gewalt angewendet oder angedroht wird und in der das Opfer glaubt, es habe nicht das Recht, nein zu sagen, sexueller Mißbrauch genannt werden. Aus vielen Gründen können Kinder und Jugendliche es nicht wagen, Erwachsenen zu widersprechen. Meist haben sie auch nicht die Macht, Erwachsenen Einhalt zu gebieten. Kleine Kinder verstehen nicht einmal, was ihnen geschieht. Sexueller Mißbrauch ist ein Verbrechen. Circa 10% aller Frauen und circa 30-40 % der Frauen, die unter Eßstörungen leiden, haben Mißbrauch oder Vergewaltigung in ihrer Kindheit erlebt. Bei manchen handelt es sich um ein einmaliges Erlebnis, andere mußten über Jahre hinweg wiederholten Mißbrauch erfahren. Jede Form von sexuellem Mißbrauch stellt die extreme Ausnutzung einer Machtposition dar. Oft ist der Übeltäter ein Familienmitglied oder ein Bekannter der Familie.

Der Versuch zu verstehen

Die Opfer sexuellen Mißbrauchs fühlen sich in der Regel schuldig an dem, was passiert ist: Sie haben den Mißbrauch »zugelassen« oder »provoziert«. Oft werden Gewalt oder massive Drohungen eingesetzt, um das Opfer zum Schweigen zu bringen, es zu verwirren, ihm Schuldgefühle beizubringen oder ihm einzureden, es hätte zur Annäherung eingeladen. Und leider erfahren die Opfer häufig, daß ihnen mit Mißtrauen begegnet wird, wenn sie anderen gegenüber die Gewalttat andeuten. Innerhalb der Familie wird das Geschehen meist totgeschwiegen. In diesen Fällen ist das Opfer dem Täter weiter ohne Schutz ausgesetzt.

Hanna wurde schon als kleines Kind vom Bruder ihres Vaters sexuell mißbraucht. Oft verbrachte sie die Sommerferien bei diesem Onkel und seiner Frau. »Wenn meine Tante zum Ein-

kaufen ging, fragte er oft, ob er mir eine Geschichte vorlesen sollte. Er setzte mich dann auf seinen Schoß und fing an, meine Genitalien und Brüste zu streicheln. Ich konnte seine Erektion fühlen. Ich hatte das Gefühl, daß dies alles nicht richtig sei. Ich habe ihn nicht gebeten aufzuhören, weil ich Angst hatte. Ich habe meinen Eltern damals nichts gesagt.« Als sie 16 war, nahm Hanna all ihren Mut zusammen und erzählte es ihren Eltern. *»Meine Mutter war sehr verständnisvoll. Aber ich denke, daß mein Vater mir noch immer nicht glaubt. Er warf mir vor zu lügen und war sehr wütend auf mich. Ich glaube, er war völlig schockiert, daß so etwas in seiner Familie geschehen konnte. Ich besuche meinen Onkel jetzt nie mehr. Meine Eltern gehen noch hin, weil sie keinen offenen Konflikt in der Familie riskieren möchten. Ich habe große Angst, daß mein Onkel das gleiche auch einer anderen antun könnte.«*

Viele Opfer sexuellen Mißbrauchs empfinden, daß die Gewalttat ihre Gefühle, die sie sich selbst gegenüber haben, völlig verändert hat, und daß sie eine Wunde zugefügt bekamen, die nie heilen wird. Katja, deren Vater sie als Jugendliche wiederholt vergewaltigt hatte, sagte: *»Es fühlt sich an, als ob irgendein Gift in meinen Adern pulsiert«*.

- ▶ Wenn Sie sexuell mißbraucht worden sind, erscheint es Ihnen unter Umständen zu schwierig, in diesem Moment mit jemandem darüber zu reden. Vielleicht möchten Sie aber auch nicht länger schweigen und sich vorsichtig mit diesem dunklen Fleck in Ihrer Geschichte beschäftigen.
- ▶ Eine erste Hilfe kann sein, die Erfahrungsberichte anderer Opfer sexuellen Mißbrauchs zu lesen. Sie fühlen sich dann nicht so alleine und gedemütigt. Im Anhang finden Sie Hinweise, die Ihnen beim Auffinden der entsprechenden Literatur helfen.
- ▶ Vielleicht möchten Sie mit jemandem darüber sprechen, den Sie nicht persönlich kennen, der aber dennoch Verständnis für Ihr Problem aufbringen kann. (Selbsthilfe-) Organisationen, wie z. B. »Wildwasser«, bieten telefonische wie persönliche Beratung an.

▶ Schreiben Sie auf, was Ihnen passiert ist. Vielleicht finden Sie es leichter, wenn Sie nicht die »Ich-Form« benutzen, sondern so tun, als ob es einer anderen Frau passiert wäre, die den Fall vor Gericht bringt. Notieren Sie, was der Anklagevertreter des Opfers sagen würde. Er könnte folgende Fragen stellen:

- Wie fing der Mißbrauch an?
- Welche Methoden benutzte der Täter, um Sie zum Schweigen zu bringen?
- Über welchen Zeitraum erstreckte sich dieser Mißbrauch?
- Was war das Schlimmste daran?
- Was hat der Verbrecher getan?

▶ Schreiben Sie auf, was der Verteidiger sagen könnte. Dann überlegen Sie, wie die Beratung des Richters mit den Schöffen aussehen könnte und welches Urteil schließlich gefällt würde.

▶ Wenn Sie diese Geschichte jemandem zeigen, könnte diese Person die Beweisführung der Anwälte vervollständigen oder das Urteil des Richters besser begründen. Vielleicht kann Ihnen dieser Freund oder diese Freundin helfen, die Situation aus einem Blickwinkel zu betrachten, den Sie bisher noch nicht eingenommen haben und dadurch das Problem auf andere Art und Weise verstehen.

▶ Der Versuch, das Geschehene zu verstehen und einzuordnen, führt zu verwirrenden Gefühlen. Versuchen Sie deshalb, die folgenden Fragen im Hinblick auf die Mißbrauchstat zu beantworten:

- Machen Sie sich Vorwürfe, weil Sie meinen, selbst dazu beigetragen zu haben, daß es zum Mißbrauch kam? Wer ist sonst noch verantwortlich zu machen?
- Haben Sie manchmal Angst vor sich selbst? Oder vor anderen?
- Wenn Sie wütend sind, worüber sind Sie dann wütend?
- Wenn Sie Angst haben, wovor empfinden Sie diese Angst?
- Haben Sie gute Gefühle gegenüber dem Täter oder schöne

Erinnerungen an ihn? Wenn ja, welche? (Bitte erschrecken Sie nicht wegen dieser guten Gefühle. Es ist natürlich, daß Kinder versuchen, dem Täter etwas Positives abzugewinnen, da dies die Situation erträglicher macht. Auch im Erwachsenenalter bleiben solche »positiven« Bilder als »schöne« Erinnerungen erhalten.)
– Welche guten und schlechten Gefühle haben Sie gegenüber Ihren Eltern?

▶ Benoten Sie die Stärke jedes Ihrer Gefühle auf einer Skala von 1 bis 10.
▶ Malen Sie sich und andere Familienmitglieder. Schauen Sie, welche Gefühle diese Zeichnungen in Ihnen hervorrufen.
▶ Notieren Sie Ihre Gefühle in Ihrem Tagebuch, und machen Sie die AVK-Detektivarbeit (Auslöser – Verhalten – Konsequenzen).

Ihr Recht, wütend zu sein

Wut ist eine natürliche Reaktion auf Mißbrauch. Aber vielleicht haben Sie gelernt, daß Wut zu noch mehr Mißbrauch führt; oder Sie haben das Gefühl, daß Frauen keine Wut empfinden dürfen. Vielleicht haben Sie erlebt, daß Wut zu furchtbarer Gewalt führen kann und versuchen, sie zu unterdrücken.

Die Täter handeln oft überlegt; sie ersticken die Wut ihrer Opfer oder leiten sie um, so daß sie sich selbst gegenüber Wut empfinden und sie an sich selbst auslassen, indem sie sich verletzen oder ihre Wut durch Essen zu ersticken versuchen. Aber meinen Sie, es ist fair, wenn Sie Ihre Wut auf sich selbst (d.h. auf das schutzlose Opfer, das verletzt wurde) richten und dem Kind in Ihnen weiteren Schmerz zufügen?

Wie können Sie mit Ihrer Wut umgehen?

Der erste Schritt ist, die Wut zu erkennen und anzunehmen. Vielleicht brauchen Sie 15 Minuten Stille, in denen Sie sich auf Ihre Wut konzentrieren. Hören Sie in Ihren Körper hinein, und achten Sie auf Ihre Empfindungen. Lassen Sie sich Zeit, dann können Sie vielleicht die folgenden Fragen beantworten:

- Auf wen sind Sie wütend? Auf den Täter? Einen Elternteil? Sich selbst? Die Welt?
- Sind Sie nur ärgerlich oder richtig wütend?
- Wie gehen Sie normalerweise mit Wutgefühlen um:
- Unterdrücken Sie die Gefühle?
- Sprechen Sie darüber?
- Ändern Sie etwas an dem, was Sie wütend macht?
- Bleiben Sie passiv?
- Schreien Sie jemanden an?
- Hänseln und kritisieren Sie?
- Schlagen Sie um sich?
- Werfen Sie etwas an die Wand?
- Verletzen Sie sich selbst?
- Lassen Sie sie an jemand anderem aus?
- Wie haben Sie Ihre Wut in der Vergangenheit ausgedrückt?
- Wie möchten Sie den Leuten zeigen, daß Sie wütend sind?
- Haben Sie heimliche Gedanken darüber, wie Sie am liebsten Ihre Wut zeigen würden? Wenn ja, welche?

Hier sind einige Beispiele, die zeigen, wie andere Menschen ihre Wut über den Mißbrauch offen zeigen konnten. Sie werden anfangs vielleicht Hemmungen haben, diese Methoden auszuprobieren; aber für viele waren sie bereits äußerst hilfreich.

▶ Stellen Sie sich vor, ein Kind, das Sie kennen und lieben, würde so behandelt werden wie Sie. Was empfinden Sie? Wie möchten Sie reagieren?
▶ Lesen Sie die Erfahrungsberichte anderer Opfer (siehe Literaturhinweise im Anhang). Verspüren Sie Wut angesichts dieser Geschichten?
▶ Begeben Sie sich in eine vertraute Umgebung, und nehmen Sie eine wütende Haltung ein – schneiden Sie wütende Grimassen, schreien und fluchen Sie. Vielleicht wollen Sie einen Freund oder eine Freundin einladen, sich mit Ihnen auszutoben!

- Bitten Sie Ihren Helfer bzw. Ihre Helferin, sich Ihnen gegenüber zu stellen und Ihnen die Handflächen entgegenzustrecken. Nun drücken Sie mit Ihren Handflächen dagegen. Drücken Sie fest; lassen Sie die Person, mit der Sie diese Übung machen, fester dagegen drücken. Zeigen Sie Ihre Wut!
- Hauen Sie auf Kissen. Schlagen Sie mit einem Tennisschläger auf das Bett ein. Eine zusammengerollte Zeitung tut denselben Dienst und macht noch viel mehr Lärm.
- Spielen Sie mit der befreundeten Person Situationen durch, die Sie wütend machen. Stellen Sie Regeln für dieses Spiel auf – z.B. daß niemandem wehgetan wird.
- Reden Sie mit Ihrem Kissen oder einer Puppe, und erklären Sie, warum Sie so wütend sind. Manchmal werden Sie sich durch den Wutausbruch auch anderer Emotionen wie des Gefühls von Einsamkeit, Trauer oder Kummer bewußt. Es ist ratsam, dann jemanden bei sich zu haben, der versteht, worum es geht, und Sie trösten kann.

Dies sind einige Möglichkeiten, Ihre Wut gezielt loszuwerden:

- Zeichnen Sie den Täter. Sagen Sie, was Sie mit den Bildern machen möchten. Zerfetzen Sie die Bilder in kleine Stücke, oder heften Sie sie an die Wand, und werfen Sie mit Gegenständen danach.
- Modellieren Sie den Täter in Ton oder Knetmasse. Stechen Sie Stecknadeln hinein. Zerquetschen Sie die Figur. Zerschlagen Sie sie.
- Stellen Sie sich den Täter auf einem leeren Stuhl vor sich vor. Wenn Sie nicht fähig sind, ihm Ihre Wut ins Gesicht zu sagen, lassen Sie dies die Person tun, die Sie in Ihrem Heilungsprozeß begleitet.
- Hören Sie zu, wenn Familienmitglieder, Freunde oder Ihre Co-Therapeutin wütend werden aufgrund Ihrer Erlebnisse.
- Schreiben Sie in Stichpunkten auf, in welcher Weise der Mißbrauch Sie beeinträchtigt. Sie finden sicher vieles, worüber Sie wütend werden können.
- Schreiben Sie einen Brief an den Täter (auch dann, wenn er

abwesend oder gar tot ist). Sie sollten diesen Brief nicht abschicken; er ist nur für Sie. Schreiben Sie all Ihre wütenden Gedanken nieder. Halten Sie nichts zurück. Beschimpfen Sie den Täter nach Herzenslust. Sagen Sie ihm, wie sehr Sie verwundet sind.

▶ Versuchen Sie, diesen Brief auf Kassette zu sprechen.
▶ Lesen Sie Ihren Brief nochmals durch, oder hören Sie sich die Kassette an. Machen Sie Ergänzungen, bevor Sie das »Dokument« an einem sicheren Ort aufbewahren oder wieder zerstören.
▶ Manchmal verspürt man soviel Wut, daß es schwierig wird, kontrolliert zu reden. Bewegen Sie sich: Laufen oder joggen Sie, gehen Sie mit dem Hund spazieren. Versuchen Sie es mit Aerobic. Hüpfen Sie auf und nieder.

An irgendeinem Punkt empfinden Sie vielleicht starke Rachegefühle: Sie möchten sich revanchieren, den Täter gar umbringen. Sich rächen zu wollen ist ein natürliches Gefühl, eine gesunde Reaktion. Sicher, man kann es nicht ausführen, aber stellen Sie sich den Racheakt ruhig in allen Einzelheiten vor. Es ist eine Methode, um mit diesem Problem in Ihrem Leben umzugehen.

Denken Sie daran: Die Tatsache, daß Sie auf jemanden wütend sind, bedeutet nicht, daß Sie auch die guten Gefühle für ihn aufgeben müssen, die Sie vielleicht hegen. Sie haben ein Recht auf Ihre Wut. Sie herauszulassen, bahnt einen Weg für Ihre Heilung.

Wie Sie mit Schuldgefühlen und Vorwürfen gegen sich selbst umgehen können

Viele Opfer von Mißbrauch leiden unter der Vorstellung, sie seien schuld an dem, was geschehen ist. Vielleicht haben Sie auch ein klein wenig Gefallen an dem gefunden, was mit Ihnen gemacht wurde, vielleicht fühlen Sie sich schuldig, weil Sie sich haben bestechen lassen, oder Sie meinen, Sie seien an allem schuld, weil Sie es nicht erfolgreich abgewehrt haben.

Aber Sie haben keine Schuld an dem Geschehen, absolut keine! Niemand hat das Recht, Sie sexuell zu mißbrauchen, weder gewaltsam noch unter Ausnutzung seiner Position. Das Opfer ist nie schuldig. Der Täter ist immer für sein eigenes Verhalten verantwortlich. Nichts, was das Opfer tut oder sagt, verursacht den Mißbrauch. Genausowenig ist das Opfer verantwortlich für das, was mit der Familie oder dem Täter geschieht, nachdem es mit der Sprache herausgerückt ist.

Quälen Sie sich, indem Sie sich folgendes sagen?
- Etwas an mir hat den Mißbrauch ausgelöst.
- Ich bin die Art Mädchen, die so etwas »verdient«.
- Ich habe diese besondere Aufmerksamkeit genossen ... oder die Belohnungen ...
- Ich »benutzte« mein Geheimnis, um dem Täter gegenüber im Vorteil zu sein.
- Die körperlichen Gefühle beim Mißbrauch gefielen mir.
- Ich habe nichts gesagt.
- Ich habe nicht genug getan, um den Mißbrauch zu beenden.
- Ich habe nicht genug getan, um zu vermeiden, daß Geschwister mißbraucht wurden.
- Durch meine Aussage habe ich Unglück in meine Familie gebracht oder sie bloßgestellt.
- Ich bin verantwortlich dafür, daß meine Familie zerbricht.
- Ich habe dem Täter eine Strafe eingebrockt.
- Ich bin wütend auf Familienangehörige oder Freunde, die mir nicht geholfen haben.
- Ich habe mich destruktiv oder selbstzerstörerisch benommen.

Stellen Sie sich vor, Ihre Liste stammt von einem anderen Opfer eines Mißbrauchs, und Sie sind seine Freundin oder sein Freund – was würden Sie ihm sagen?

Oft fängt ein Mißbrauch so früh an, daß das Opfer überhaupt nicht versteht, was los ist. Obwohl Sie vielleicht vermuteten, daß etwas nicht stimmte, dauerte der Mißbrauch schon so lange, bis Sie das Unrecht erkannten. Sie aber meinten, nicht protestieren und nichts sagen zu können. Denken Sie daran: Kinder müssen Vertrauen zu Erwachsenen haben und sind leicht zu verwirren; andererseits brauchen Kinder Zuneigung und Aufmerksamkeit und beteiligen sich daher gern an jeder gemeinsamen Aktivität mit einem Erwachsenen. Sexuelle Reaktionen sind instinktiv und können sich früh entwickeln. Sie können, schon im Kindesalter, auch in Mißbrauchssituationen ausgelöst werden.

Leben mit dem sexuellen Mißbrauch

Verschiedene Menschen werden unterschiedlich mißbraucht, und die Auswirkungen des Mißbrauchs hängen nicht nur davon ab, was passiert ist, sondern auch von dem Grad der Hilfe und Unterstützung, die das Opfer erfährt. Oft führt Mißbrauch zu Problemen und Ängsten, die im Erwachsenenalter und in Beziehungen fortbestehen. Wenn Sie erst einmal erkannt haben, wie der Mißbrauch sich auf Sie auswirkt, können Sie ihn besser bewältigen.

Denken Sie daran: Jedes Opfer ist ein Überlebenskünstler!

Jeder Mißbrauch hinterläßt Mißtrauen. Wenn Sie aber niemandem vertrauen können, geraten Sie in einen Teufelskreis. Je weniger Sie vertrauen, desto weniger Freunde werden Sie haben, und um so mehr werden Sie isoliert sein. Sie geben sich keine Chance, neu zu erlernen, daß man zu Menschen Vertrauen haben kann, fühlen sich einsam und verwundbar und schirmen sich stärker gegen Ihre Umwelt ab.

Ein Leben ohne Vertrauen ist sehr einsam; wenn Sie den Mut haben, versuchen Sie, Ihr Vertrauen allmählich wieder aufzubauen. Sie erleiden vielleicht Rückschläge, aber geben Sie nicht auf. Der Gewinn ist groß. Vielleicht finden Sie es hilfreich, *Der kleine Prinz* von Antoine de St. Exupery zu lesen, der erkannte, daß Liebe das Risiko des Verletztwerdens birgt, aber daß ein Leben ohne Freundschaft kein Leben ist. Vertrauen braucht Zeit, sich zu entwickeln; haben Sie Geduld. Schließlich werden Sie die Komponenten des Vertrauens kennenlernen: Ehrlichkeit, Verständnis, Akzeptanz und Respekt. Hüten Sie sich vor romantischen Mythen, wie dem, daß ein Mann die einzige große Liebe Ihres Lebens sei. Oft ist es schwierig, ein Gleichgewicht zwischen Zuneigung und Abhängigkeit zu erreichen, wenn Sie dies in Ihrer Kindheit nicht gelernt haben. Vielleicht wollen Sie zunächst etwas Zeit darauf verwenden, eine solide Freundschaft mit Frauen aufzubauen, bevor Sie sich in eine neue Beziehung mit einem Mann begeben. Möglicherweise helfen Ihnen die positiven Erfahrungen in einer Frauenfreundschaft, künftig eine neue Opfer-Täter-Beziehung zu vermeiden. Versuchen Sie, folgende Fragen zu beantworten:

— Glauben Sie, wenn Sie sich auf jemanden verlassen, daß nur er das Recht hat zu bestimmen und Sie nachgeben müssen?
— Fürchten Sie, daß die Annäherung an jemanden mit einer Verletzung enden wird, und entscheiden Sie sich daher für den einsamen, aber selbstbestimmten Weg?
— Pendeln Sie zwischen Verachtung für andere und dem Gefühl, die anderen könnten über Sie lachen oder Sie demütigen?
— Pendeln Sie dazwischen, sich wie ein Baby oder ein Biest zu fühlen?
— Wenn eines dieser Muster auf Sie zutrifft, schauen Sie sich Ihren Familien-Stammbaum an:

▶ Was sind die Wahlsprüche Ihrer Familie? Woher kommen diese Mythen? Schreiben Sie Ihre Lebensgeschichte unter diesem Aspekt wie ein Märchen auf. Beginnen Sie mit: »Es war einmal ein kleines Kind...«
▶ Können Sie die Menschen in einer für sie untypischen Weise handeln lassen und alte Familienmythen zerstören?
▶ Lassen Sie die Geschichte glücklich enden, oder würzen Sie sie mit Humor. Nehmen Sie sich vor, Ihre Geschichten einem Freund oder einer Freundin zu zeigen.

Sie können die Vergangenheit nicht wirklich neu schreiben, egal, wie schmerzhaft sie war, egal, wie verletzt und mißhandelt Sie sich fühlen. Sie können den Schaden nicht ungeschehen machen. Aber es wird Ihnen guttun, sich von dem Wunsch nach besseren Eltern zu verabschieden und das Leben in Ihre eigenen Hände zu nehmen. Die Sehnsucht nach dem zu verbannen, was hätte sein können, befähigt Sie, Platz für neue Möglichkeiten und für die realen Menschen in Ihrem Leben zu machen, auch dann, wenn diese nicht perfekt sind.

Vielleicht entscheiden Sie sich für eine Beratung oder Therapie, um mit Ihrer Vergangenheit ins reine zu kommen und um zu verstehen, wie sie sich auf gegenwärtige Beziehungen auswirkt. Hilfe bieten z. B. Frauenberatungsstellen, Frauen-Notrufzentralen oder »Wildwasser« an.

10.
Wenn Ihre Denkmuster Ihnen eine Falle stellen

Fühlen Sie sich als »häßliches Entlein«?

Wir alle haben unsere Vorstellung vom Lauf der Welt und von den Menschen. Viele dieser Ideen stammen aus der Kindheit. Wenn Ihre Eltern Ihnen z. B. immer gesagt haben, Sie seien ein netter, wertvoller Mensch, dann werden Sie sich wahrscheinlich für nett und wertvoll halten. Haben Ihre Eltern Ihnen aber vermittelt, Sie wären fett und selbstsüchtig, dann ist es wahrscheinlich, daß Sie mit diesem Bild von sich aufwachsen. Auf der Basis dieser Meinungen und Bilder versuchen wir das, was um uns passiert, zu interpretieren (»Auch wenn ich manchmal Fehler mache, werden meine Freunde mich trotzdem mögen, denn sie mögen mich so, wie ich bin« oder »Die Leute mögen mich nur, wenn ich perfekt bin« oder »Wenn ich mich nicht nach den Wünschen anderer richte, werden sie merken, wie selbstsüchtig ich bin«). Unsere Vorstellungen dienen auch dazu, Voraussagen zu treffen (»Der nette Mann, der mich eingeladen hat, wird das wahrscheinlich nie wieder tun, weil ich so dumm und häßlich bin.«). Probleme kommen auf, wenn solche Vorstellungen nicht immer wieder im Hinblick auf neue Erfahrungen revidiert werden können und man in alten Ansichten und Verhaltensweisen steckenbleibt, die man als Kind erlernt hat, die aber falsch oder unpassend sind.

Eßgestörte haben im allgemeinen viele Ansichten über sich und die Welt, mit denen sie sich selbst im Wege stehen. Diese Ansichten stammen oft aus einer schwierigen Kindheit. In anderen Fällen ist es die Eßstörung selbst, die das Gefühl vermittelt, unverbesserlich, ekelhaft, verkommen, dumm oder wertlos

zu sein. Viele der irrationalen Gedanken beziehen sich auf die
Eßstörung und werden durch sie verstärkt (z. B.: »Ich habe wieder gefressen, ich konnte wieder nicht genug essen, ich bin doch ein wirklich wertloser Mensch.«). Andere konzentrieren sich auf das Leben im allgemeinen (z. B.: »Mein Freund hat mich verlassen, und ich bin so unansehnlich, daß ich nie wieder einen anderen Mann finden werde.«). Vielen Eßgestörten ist von Kindheit an eingetrichtert worden, sie seien nicht in Ordnung. So erging es auch Johanna.

Johanna mochte sich noch nie besonders leiden und hatte als Teenager mehrere Selbstmordversuche begangen. Sie gab zu, daß sie sich als Kind nie geliebt und behütet gefühlt hatte. Es fiel ihr auf, daß es zu Hause viele Fotos von ihren Geschwistern gab, aber keines von ihr. Man witzelte in der Familie darüber, daß sie als Baby und Kind besonders häßlich gewesen sei. Ihre Mutter hatte eine Freundin, deren Tochter zwei Monate älter als Johanna war. Ihr Leben lang war Johanna zu ihrem Nachteil mit der Tochter der Freundin verglichen worden. Sie wurde erniedrigt und lächerlich gemacht, weil sie die Häßliche, die Dicke war. Da die beiden Familien ständig zusammen waren, konnte Johanna sich den Demütigungen auch nicht entziehen.

Familienmitglieder verfügen – wie Johannas Fall zeigt – über die Macht, das Selbstbild der Tochter oder der Schwester negativ zu beeinflussen (»Sie ist nicht gescheit genug, nicht hübsch genug, nicht....«). »Das häßliche Entlein« oder »das schwarze Schaf« der Familie zu sein, ist jedoch eine schrecklich schwere Bürde bzw. ein Erlebnis, das tiefe Verletzungen hinterlassen kann, die nicht immer vollständig wieder heilen.

Pamelas Vater stammt aus Indien und ihre Mutter aus Irland. Aufgewachsen ist sie in einem kleinen Dorf in Norddeutschland. »Ich hatte viele Schwierigkeiten in der Schule. Oft wurde ich wegen meines exotischen Aussehens gehänselt und wuchs irgendwie in dem Bewußtsein auf, durch meine Andersartigkeit minderwertig zu sein. Auch jetzt, wann immer das Geringste schiefgeht, rede ich mir wiederholt ein, wie wertlos ich bin.« Diese Einstellung führte dazu, daß sie Geselligkeit mied. Weil sie sich minderwertig fühlte, wußte sie nicht, was sie sagen oder wie sie sich verhalten sollte, und so erschien sie anderen unfreundlich und abweisend und wurde alleingelassen.

Finden Sie sich in einigen der folgenden Aussagen wieder?
- »Ich weiß nicht, was ich sagen soll, wenn ich mit anderen zusammen bin. Folglich vermeide ich Geselligkeit jeder Art.«
- »Mir fehlt Selbstvertrauen. Ich glaube, daß andere mich nicht mögen oder daß sie mich kritisieren oder blöd finden werden.«
- »Ich fürchte, wenn ich etwas sage, kommt es verkehrt heraus, und dann lachen mich die Leute aus.«

Diese selbstschädigenden Gedanken kreisen oft im Kopf; sie bohren und untergraben, machen mürbe, verstärken sich, wenn irgend etwas schiefgeht. Schlimmer noch: Sie sorgen dafür, *daß* Dinge schiefgehen. Wenn Sie zum Beispiel erwarten, daß andere Sie nicht mögen, dann benehmen Sie sich unter Umständen genau dieser Annahme entsprechend. Sie verhalten sich vielleicht zurückgezogen und abweisend, und Ihre Umgebung reagiert auf dieses Verhalten ebenfalls abweisend. Dies verstärkt Ihren Glauben, daß die Leute Sie nicht mögen. So etwas nennt man eine sich selbst erfüllende Prophezeiung.

Selbstschädigende Gedanken sind die Wurzeln von Depression und geringer Selbstachtung; sie verschlimmern Eßprobleme. Daher ist der Versuch sehr wichtig, sich dieser Gedanken und Überzeugungen bewußt zu werden und sie in Frage zu stellen.

Sehen Sie alles schwarz?

Ein Gefühl von Hilflosigkeit, Hoffnungslosigkeit und Unabwendbarkeit resultiert oft aus irrationalen Gedanken, die aus drei Elementen bestehen: (1) Sie nehmen die Schuld auf sich, wenn etwas daneben geht (»Ich habe etwas falsch gemacht.«). (2) Sie sind überzeugt, daß alles immer so weitergeht (»Ich mache es *immer* falsch.«). (3) Sie glauben, alles wird überall immer gleich sein (»Ich mache immer *alles* falsch.«). Mit anderen Worten: Sie haben das Gefühl, Fehlschläge seien auf Ihr eigenes Handeln oder Ihre Persönlichkeit zurückzuführen, und dies wird immer in allen Situationen der Fall sein. Das ist eine wirklich lähmende Einstellung, weil sie Ihnen das Gefühl gibt, keine Kontrolle über Ereignisse zu haben und nichts ändern zu können. Depressionen können die Folge dieser Einstellung sein.

Sind Sie einer der Menschen, für die das Leben schrecklich, nur eine Katastrophe, ein Unglück, ein riesiger Mißerfolg ist? Vielleicht sind Sie wirklich ein Unglücksrabe – manche Menschen scheinen Probleme anzuziehen – aber wenn alles immer gerade bei Ihnen schiefläuft, liegt es eventuell eher an Ihrer Einstellung als an den wirklichen Gegebenheiten.

Tina lebte in dem Glauben, ihr passiere nur das Schlechteste. Ihre Mutter war sehr verbittert darüber, daß Tinas Vater die Familie verlassen hatte, als Tina noch klein war, und redete immerzu davon, wie hart und unfair das Leben sei. »Ich nehme an, daß ich irgendwie lernte, alles mit ihren Augen zu sehen, immer das Negative hervorzukehren. Alles war ein unüberwindbares Hindernis, mir in den Weg gelegt, auf daß ich darüber stolpern möge. Und ich ließ zu, daß mich alles zu Fall brachte. Manchmal ziehe ich eine perverse Befriedigung daraus, daß sich für mich alles schwierig gestaltet. Mein Mann ist das genaue Gegenteil. Für ihn sind Schwierigkeiten dazu da, sie zu überwinden.«

Werden Sie von Schuldgefühlen erdrückt?

Ein starkes Gefühl, etwas verbrochen zu haben, begleitet viele Eßgestörte in ihrem täglichen Leben. Schuldgefühle können besonders nach dem Essen stark sein. »Ich kam an einen Punkt, wo ich mich absolut schuldig fühlte, wenn ich nur Weintrauben gegessen hatte. Es war so, als hätte ich ein schwerwiegendes Verbrechen begangen. Ich wußte, daß es albern war, und doch peinigte mich mein Gewissen.« Schuldgefühlen ist schwer beizukommen. Hier einige Vorschläge, wie Sie das Problem angehen können.

▶ Stellen Sie sich eine Gerichtsszene vor, in der der Richter lauthals brüllt: »Die Angeklagte wird für schuldig befunden, Weintrauben gegessen zu haben, oder wofür Sie sich sonst schuldig fühlen: fünf Berliner gegessen zu haben, nicht immer Mitgefühl für die Probleme von Freunden aufbringen zu können, die Eltern in letzter Zeit nicht oft genug besucht zu haben. Das Urteil lautet: Fünf Jahre harte Arbeit.«
▶ Wie könnte ein brillanter Verteidiger dagegen ankämpfen? Vielleicht sagt er: »Was hat die Angeklagte eigentlich verbrochen? Seit wann ist es in diesem Land ein Verbrechen, Weintrauben zu essen? Ich gebe zu, heute morgen selber Trauben gegessen zu haben. Gibt es hier jemanden, der nie Weintrauben ißt?«

Die Überanpassungsfalle

Manche fühlen eine ständige Verpflichtung anderen gegenüber. Sie glauben, sie werden nur unter der Bedingung geliebt, daß sie wertvoll, clever, charmant oder attraktiv genug sind. Sheila MacCloud beschreibt dieses Phänomen in ihrem Buch *The Art of Starvation* (London 1981) folgendermaßen: »Anorektische Patientinnen benehmen sich, als sei die Welt nur von Menschen bevölkert, die beeindruckt, zufriedengestellt oder erfreut werden müssen.« Natürlich gilt dieses genauso für viele Bulimiekranke.

John war ein sensibles Kind. Er merkte, wie sehr seine Mutter darunter litt, wenn er und seine Brüder sich schmutzig machten und Unordnung im Haus stifteten, das sie peinlich sauber hielt.

Er ertrug das kalte Schweigen nicht, das ihre Wut begleitete. Als er ins Internat geschickt wurde, glaubte er, es sei seine Pflicht, mit dem Heimweh allein fertigzuwerden. Außerdem fiel es ihm schwer, einen Mittelkurs zu steuern zwischen schwerer Bestrafung durch die Lehrer wegen mangelnder Leistungen und Schikanen seitens seiner Schulkameraden, wenn er »Streber« oder »Lehrers Liebling« war. Er entwickelte viel Geschick darin, anderen zu gefallen.

Kennen Sie diese Schwierigkeiten?

- Fürchten Sie, wenn Sie andere nicht zufriedenstellen, auf Liebe oder Lob verzichten zu müssen oder kritisiert und beschimpft zu werden?
- Stellen Sie andere zufrieden, egal, wie Sie sich dabei fühlen; unterdrücken Sie Ihre Gefühle dabei, oder versuchen Sie, die anderen zu verstehen, um sie bei Laune zu halten?
- Sind Sie unfähig, nein zu sagen und nehmen zuviel auf sich, um andere nicht im Stich zu lassen? Schieben Sie die Sachen vor sich her, weil Sie es nicht ertragen können, etwas falsch zu machen?
- Unterdrücken Sie Ihre Gefühle, weil sie innere Bedürfnisse signalisieren?
- Haben Sie Angst, in Tränen oder Wut auszubrechen, wenn Sie irgend etwas herauslassen?

Trifft etwas davon auf Sie zu? Fallen Ihnen Situationen von früher ein, in denen Ihr Empfinden geprägt wurde? Wenn Sie erkennen, daß Sie in die Überanpassungsfalle tappen, halten Sie inne, und überlegen Sie, wie sich Ihr Verhalten auf andere auswirkt:

- Wenn Sie andere nie wissen lassen, was Sie wirklich fühlen und wollen, müssen diese versuchen, Ihre Gedanken zu lesen oder Ihre Wünsche zu erraten. Ein solches Ratespiel ist aber für beide frustrierend und anstrengend. Es hat außerdem zur Folge, daß Ihre Meinungen und Wünsche tatsächlich nicht beachtet werden.

- Wenn Sie immer allen anderen nachgeben, wird man Sie für rückgratlos und charakterlos halten, Sie langweilig finden und ausbeuten.
- Wenn Sie immer zu gefallen versuchen, dies aber nicht in allen Fällen gelingt, werden Sie ärgerlich und enttäuscht sein. Es ist unmöglich, dies völlig zu verbergen.
- Die Rolle der »schweigenden Märtyrerin« kann anderen wirklich auf die Nerven gehen.
- Andere zufriedenzustellen kann auch ein egoistischer Wunsch sein, weil man immer meint, das Recht auf seiner Seite zu haben, und anderen gleichzeitig die Möglichkeit des Gebens und Nettseins vorenthält.

Das andere Extrem

Manche wählen das andere Extrem und weigern sich, Anforderungen nachzukommen: »Wenn ich muß – tu ich's nicht«. Oft findet man sowohl dies als auch übertriebene Anpassung bei ein und derselben Person. In Gegenwart von Bekannten kann sie ganz charmant und hilfreich sein, ihrer Familie gegenüber ist sie aber dickköpfig und stur.

- Fühlen Sie sich gefangen und eingeengt, wenn Sie Verpflichtungen nachkommen müssen?
- Welche Gefühle empfinden Sie außerdem in dieser Situation? Wut, Angst oder Lust, sich dagegen aufzulehnen?
- Bedeutet diese Verweigerung, daß Sie das Gefühl haben, sich nicht voll entfalten zu können?

John pendelte zwischen beiden Extremen. Meistens machte er, was die anderen wollten, benutzte aber seine Bulimie als Vorwand, um sich zu widersetzen und zu verweigern.

Der Weg aus der Überanpassungsfalle

Ganz gleich, welche Methode Sie anwenden – Überanpassung oder totale Verweigerung –, Sie möchten dabei sowohl Ihre eigenen Bedürfnisse befriedigen als auch die anderen zufriedenstellen. Aber Sie zahlen dafür den Preis der Bulimie. Anfangs fällt es Ihnen sicher schwer, eine gesunde Balance und den Weg dahin zu finden. Vielleicht müssen Sie sich auch erst einmal allein darauf konzentrieren, Ihre Bedürfnisse zu erkennen, die beste Form der Befriedigung dieser Wünsche zu finden und diese dann auch zu realisieren.

Denken Sie dabei an folgende Sätze:

- Sie können nicht immer alle zufriedenstellen!
- Sie können nicht jeden lieben oder von jedem geliebt werden!
- Sich für die Befriedigung der eigenen Bedürfnisse einzusetzen hat nichts mit Egoismus zu tun.

Die Diktatur der Kontrolle

Häufig strukturieren Eßgestörte ihr Denken im Hinblick darauf, absolute Kontrolle zu erzielen, da sie große Angst vor Chaos empfinden.

Linda hielt ihre Wohnung in perfekter Ordnung. Jeden Abend putzte sie eine Stunde lang Bad und Küche. Lindas Mitbewohner verstanden ihr Verhalten nicht als Hinweis, daß alle sich anstrengen sollten, die Wohnung sauber zu halten. Eher fanden sie Lindas Benehmen nervig und sahen es als unangenehme Einmischung in ihr eigenes Leben an. Sie gingen Linda möglichst aus dem Weg und rissen hinter ihrem Rücken Witze über die »gute Hausfrau«. Einige zogen deshalb sogar aus. Im Beruf führte Lindas Bedürfnis nach Kontrolle und Ordnung dazu, daß sie wiederholt überprüfte, ob ihre Arbeitskollegen auch wirklich das getan hatten, worum sie sie gebeten hatte. Sie versuchte, manches zu delegieren, machte die Arbeit aber nachher doch noch einmal selbst, und schrieb Briefe, in denen die Entscheidungen ihrer Kollegen und Kolleginnen wieder umgestoßen wurden. Die Menschen, mit denen sie arbeitete, fanden dies unerträglich. Sie schnitten Linda bei geselligen Ereignissen und lachten über sie, wenn sie den Raum verlassen hatte. Eine weitere Methode, ihr Leben zu ordnen, war eine übermäßige Kontrolle ihrer Eßgewohnheiten, ein Versuch, der aber immer wieder mißlang.

Sie können überprüfen, ob Sie unter der Diktatur der Kontrolle stehen, wenn Sie die folgenden Fragen ehrlich beantworten:

- Müssen Sie, wie Linda, zwanghaft putzen, kontrollieren oder alles jederzeit in perfekter Ordnung haben? Versuchen Sie, sich im Detail auszumalen, was in Ihrem Leben auftreten würde, falls Sie die totale Kontrolle verlieren.
  – Verunreinigung bzw. Schmutz oder Bakterien?
  – Ruin bzw. sozialer Abstieg?
  – Das totale Chaos?
  – Unerträglicher Streß und Unbehagen?
  – Etwas anderes?

▶ Machen Sie die Augen zu, und beschwören Sie das Ereignis herauf. Lassen Sie es langsam an sich vorüberziehen. Was würden Sie tun, wie würden Sie zurechtkommen? Stellen Sie sich vor, wie ein von Ihnen geschätzter Freund damit zurechtkäme, was er denken und tun würde? Versucht eine kritische innere Stimme, Sie zu sabotieren? Entgegnen Sie ihr, daß Sie entschlossen sind, auch dann zurechtzukommen, wenn vollständige Kontrolle nicht möglich ist, und daß Sie sich Hilfe holen werden, wenn Sie Schwierigkeiten haben, an diesem Entschluß festzuhalten.

▶ Planen Sie, zu experimentieren, indem Sie Schritt für Schritt etwas weniger Kontrolle ausüben. Sie könnten beispielsweise die Kontrolle über Ihr Eßverhalten etwas lockern. Vielleicht lassen Sie auch absichtlich einige Hausarbeiten liegen? Oder versuchen Sie auszugehen, ohne fünfmal nachzusehen, ob die Haustür abgeschlossen ist: Nehmen Sie die Gefühle von Angst und Schuld, die Sie überwältigen werden, bewußt wahr und beobachten Sie, wie lange diese anhalten. Wenn Sie Ihre kleine Prüfung mit Erfolg bestanden haben, ist es vielleicht an der Zeit, übermäßige Kontrolle auf dem nächsten Gebiet aufzugeben.

Hier sind einige Argumente, die nützlich sein können, wenn Sie ein Zuviel an Kontrolle vermeiden wollen:

- Ich kann mein Schicksal nicht kontrollieren; das Leben birgt gelegentlich unplanbare und unverständliche Ereignisse.
- Obwohl ich einiges tun kann, um mein Leben in gewisse Bahnen zu lenken, spielt auch Glück eine Rolle.
- Um zu überleben, muß man lernen, etwas Unordnung und Chaos zu tolerieren.

Der Trumpf des Asketentums

Eine andere Möglichkeit der Kontrollsucht ist eine Einschränkung der natürlichen Bedürfnisse. Das kann bis zu dem Gefühl führen, es sei falsch, eigenen Wünschen oder Bedürfnissen nachzugehen. Wenn wir z.B. das Bedürfnis nach Zuwendung zugeben, fühlen wir uns schuldig oder charakterschwach. Wenn wir bekommen, was wir wollen, schreiben wir es unserer Selbstsucht oder unserem kindischen Verhalten zu.

Victoria ist die jüngste Tochter eines kenianischen Geschäftsmannes. Ihre Eltern sind beruflich äußerst erfolgreich und dadurch sehr beschäftigt. Oft sind sie noch abends geschäftlich unterwegs. Als Kind schien es Victoria eine Zumutung, um Hilfe bei den Hausaufgaben oder um ein Gespräch über die Schule zu bitten. Victoria hatte das Gefühl, ihre Eltern wären zu beschäftigt, als daß sie sich für die Tochter interessierten; sie mußte allein zurechtkommen. In der Schule fühlte sie sich sehr fremd und isoliert von den anderen Mädchen, da sie die einzige Afrikanerin der Klasse war. Sie litt keine materielle Not. Victorias Vater kaufte ihr eine Wohnung, als sie 15 war, und ließ diese vermieten. Nach Victorias 15. Lebensjahr waren ihre Eltern aus geschäftlichen Gründen fünf Monate pro Jahr wieder in Kenia. Victoria blieb in der Obhut ihrer Schwester, die ein Jahr älter war, aber schon eine enge Beziehung mit einem Freund hatte. Victoria entwickelte eine Eßstörung, weinte immer wieder scheinbar grundlos und fühlte sich zutiefst einsam.

- Sie können Ihre Eltern in den höchsten Tönen loben, weil Sie – wie Victoria – nie Mangel an materiellen Dingen litten, aber vielleicht vernachlässigten Ihr Vater und Ihre Mutter Ihre emotionale Entwicklung und schenkten Ihnen zu wenig Zeit, Unterstützung und Aufmerksamkeit.
- Möglicherweise glauben Sie (wie Victoria), daß es lächerlich ist, sich wie ein vernachlässigtes Baby vorzukommen, mit undefinierbarem Kummer, wo Ihre Eltern Sie doch wie einen erwachsenen Menschen behandeln.
- Vielleicht machen es Ihre Eltern umgekehrt und halten Sie kurz, um Sie »stark zu machen«. Sie sind wütend, wenn die Eltern mehr für den Tierarzt als für Ihren Start ins Berufsleben ausgeben, können es aber nicht erklären oder zugeben.
- Die innere Bedürftigkeit kann Sie auch dazu treiben, von anderen Formen des Trosts zu träumen oder sie auszuprobieren (z.B. Essen, Drogenmißbrauch, Kaufrausch oder Sex). Weil Sie nicht begreifen, was diesem Bedürfnis nach Trost und Geborgenheit zugrunde liegt, kommt es Ihnen wie Gier vor. Da die Kirche und die Gesellschaft solches Verhalten verdammen, fühlen Sie sich noch schlechter.

Macht durch Perfektionismus

Dieselben grundlegenden Mechanismen können zu dem Drang führen, eine Superfrau darzustellen, die alles perfekt kann. Der zwanghaft perfektionistische Mensch strebt nach mehr und

Besserem, ohne über die Notwendigkeit oder Richtigkeit des Ziels nachzudenken. Ihr Bestes zu geben ist keine schlechte Devise und läßt Sie in vielen Lebensbereichen in einem positiven Licht erscheinen. Eßgestörte haben jedoch oft unrealistisch hohe Erwartungen an sich und die Welt: Sie versuchen nicht nur, ihr Bestes zu geben, sie *müssen* immer die Besten sein, alles muß immer tadellos und tiptop sein. Dies kann auf die persönliche Erscheinung, die Arbeit und ihre zwischenmenschlichen Beziehungen zutreffen.

Stellen Sie sich folgende Fragen:

- Wozu brauchen Sie solchen Erfolg?
- Warum müssen Sie andere überstrahlen?
- Warum müssen Sie so stark konkurrieren?

Vielleicht ist Ihr Drang nach Perfektion das Ergebnis der tiefliegenden Angst, keiner werde Sie lieben, wenn Sie nicht eine Superfrau sind. Irrtümer, Fehler, Versehen, Schlampigkeit und Nachlässigkeit sind daher unverzeihlich. Oder Sie haben Angst vor dem Chaos, sind einsam und haben kein Ziel. Eine weniger perfekte Leistung kann bewirken, daß Sie sich für vollkommen nutzlos halten. Aber wie anstrengend ist es doch, immer perfekt zu sein! Darüber hinaus erstickt der Perfektionismus die spontane, lebhafte, kreative Seite Ihrer Persönlichkeit. Und die gesellschaftliche Anerkennung, die Sie durch Ihr Streben nach finanzieller Sicherheit oder Ihre perfekte Arbeitsleistung erfahren, können Sie in dem falschen Glauben wiegen, Sie hätten keinen Grund, weitere Bedürfnisse zu artikulieren.

Edelgard wurde persönliche Assistentin beim politischen Redakteur einer nationalen Zeitung. »Es war eine unglaublich ehrgeizige, hochgezüchtete Arbeitsatmosphäre.« Edelgard machte jeden Tag mehrere unbezahlte Überstunden, um ihrem Chef zu beweisen, daß sie hervorragend war. »Ich versuchte, seine Gedanken zu lesen und Sachen zu machen, noch bevor er mich darum bat. Er sollte denken, ich sei die beste Chefsekretärin, die er je gehabt hatte.« Edelgard wurde aber selten ge-

lobt, und eines Tages hörte sie, wie ihr Chef zu jemandem sagte: »Ja, Edelgard, meine neue Chefsekretärin, strengt sich wirklich an. Ihre Arbeit ist in Ordnung, aber sie ist so verkrampft, daß es sich auf das ganze Büro auswirkt.« Edelgard war am Boden zerstört. Wie man sieht, war ihr Streben nach Perfektion gespeist von ihrem Drang zu gefallen.

Jedesmal, wenn Sie übermäßig angepaßt oder rebellisch sind, sich und andere extrem kontrollieren oder die perfekte Superfrau sein wollen, schaden Sie sich. Suchen Sie dann nach Denkfehlern, Gedanken, die Ihren Kummer verstärken, Fallen, Mythen usw. Eine Methode, Gedanken auf ihre Rationalität oder Irrationalität zu prüfen, ist folgende:

Fragen Sie sich:

– Welche Beweise gibt es dafür, daß es wirklich so ist, wie Sie es sich vorstellen?
– Welche anderen Erklärungen gibt es?
– Wenn Sie eine andere wären und sich von außen sehen könnten, was würden Sie von diesen Gedanken halten?
– Versuchen Sie zu gefallen, perfekt zu sein oder zu kontrollieren? Sie sollten diese schädlichen Verhaltensmuster erkennen.

Es kann recht schwierig sein, sich bei selbstzerstörerischen Gedanken zu ertappen, da sie so schnell und automatisch auftreten. Vielleicht finden Sie, daß Ihre selbstzerstörerischen Gedanken aus einem oder mehreren der oben genannten Gebiete kommen. Vielleicht lassen sie sich gar nicht kategorisieren. Wenn Sie einige der Denkfallen in Ihrem eigenen Leben erkannt haben, versuchen Sie, sie jedesmal wahrzunehmen und im Tagebuch zu notieren.

▶ Schreiben Sie die ›A‹s (Auslöser) in Ihr Tagebuch – Gedanken oder Gefühle, die auftraten, unmittelbar bevor Sie sich aufgeregt oder selbstzerstörerisch verhalten haben. Suchen Sie dann die ›K‹s (Konsequenzen) – Unruhe oder destruktive Auswirkungen.

▶ Teilen Sie ein Blatt der Länge nach in zwei Spalten: In die linke schreiben Sie Ihre selbstzerstörerische, irrationale Überzeugung, z. B.: »Ich muß glänzen, sonst bin ich vollkommen nutzlos«. In die rechte kommt ein rationaler Gedanke: »Ich möchte glänzen, muß aber nicht«.

Hier sind Beispiele für Edelgards irrationale Gedanken und die rationalen Alternativen, die sie in der Therapie an deren Stelle einzusetzen lernte.

Irrationaler Gedanke	Rationaler Gedanke
Wenn ich bei meiner Arbeit nicht ganz hervorragend bin, werde ich für völlig unwichtig gehalten und nicht beachtet.	So stimmt das nicht. Nicht nur die Arbeit, sondern auch noch viele andere Seiten machen eine Person wichtig und bedeutungsvoll. Außerdem, selbst wenn ich nicht hervorragend bin, kann ich doch gute Arbeit leisten.
Nur wenn ich von allen Menschen geliebt werde, bin ich ein wertvoller Mensch.	Man kann eine Person nicht danach beurteilen, wer sie mag oder nicht mag.

▶ Im Kampf gegen selbstzerstörerisches Denken ist es nützlich, nicht nur die Gedanken zu verändern, sondern auch das Verhalten. Legen Sie sich einen gutdurchdachten Plan zurecht, den Sie beim nächsten Mal einsetzen können, wenn ein selbstzerstörerisches Muster auftaucht. Rufen Sie beispielsweise einen Freund oder eine Freundin an, besuchen Sie jemanden, schauen Sie sich Ihre Bilanz an usw.

Im folgenden finden Sie einige Antworten auf unterschiedliche destruktive Gedanken von Eßgestörten. Manche haben mit dem Essen zu tun, einige mit anderen Lebensbereichen.

Eva: »Es ist irrational, von Schuldgefühlen überwältigt zu sein, weil ich ein bißchen mehr esse, als ich für richtig halte.«

»Es fällt mir schwer, normal zu essen. Aber das heißt nicht, daß es unmöglich ist.«

»Wenn man eine Einladung von mir ablehnt, heißt das nicht, daß ich etwas falsch gemacht habe.«

»Wenn ich etwas Dummes tue, bin ich ein Mensch, der dumm handelt, aber kein totaler Dummkopf.«

Johanna: »Ich fühle mich sehr gut, wenn ich mein Körpergewicht niedrig halten kann. Das beweist aber nicht, daß es gut für mich ist.«

Veronika: »Selbst wenn ich Heißhunger habe, muß ich nicht essen.«

Annette: »Es ist nicht schlimm, mißbilligt zu werden, nur unangenehm. Ich habe immer die Wahl, mich zu mögen, auch wenn ich etwas Dummes tue.«

»Wenn ich einen Fehler mache, z.B. mehr esse, als ich mir vorgenommen habe, beweist das nur, daß ich menschlich und daher fehlbar bin.«

Christiane: »Wenn ich mich anstrenge, schaffe ich es sicher, in den nächsten Tagen mehr zu essen. Es wird toll sein, mich nicht erschöpft zu fühlen.«

»Nicht zu wissen, wie dieses wichtige Projekt ausgeht, macht mir Angst und Sorge. Aber vielleicht kann ich das nutzen, um etwas neugieriger und abenteuerlustiger zu werden.«

Daniela: »Mehrere Rückfälle und Gewichtsverlust sind für mich eine Herausforderung. Vielleicht kann ich daraus lernen, mich mit all meinen Fehlern und Schwächen voll zu akzeptieren.«

»Die Erfahrung, etliche Jobs hintereinander verloren zu haben, ist für mich eine Herausforderung und gibt mir vielleicht die Entschlossenheit, eine passende Stelle zu suchen und zu halten.«

Erlauben Sie sich, einmal nicht perfekt zu sein!

Gefühle von Scham, Verlegenheit und Demütigung sind eng mit der Vorstellung gekoppelt, Sie müßten perfekt sein, weil Sie sonst niemand mag. Um diese Gefühle zu überwinden, stellen Sie sich etwas vor, das Sie machen könnten, etwas Beschämendes, Albernes oder Lächerliches, worüber Sie sich besonders schämen würden, wenn Sie es in der Öffentlichkeit täten. Nicht so etwas, wie nackt auf der Straße herumzulaufen, das könnte Sie in echte Schwierigkeiten bringen, und nicht etwas wie eine Ohrfeige, die jemandem wehtun würde – sondern etwas, das Sie wirklich gern machen möchten, sich aber nicht erlauben, oder einfach etwas Albernes, das Sie normalerweise nicht tun. Stellen Sie es sich ganz plastisch vor, und leben Sie Ihre Schamgefühle aus.

   Tun Sie dann, was Sie sich ausgedacht haben, in der Öffentlichkeit. Versuchen Sie, sich nicht zu schämen oder verlegen zu sein, auch wenn andere über Sie lachen und Ihre Handlung dumm finden. Nehmen Sie sich vor, mindestens eine solche »Albernheit« pro Woche auszuführen. Hier sind einige Ideen von verschiedenen Patientinnen und Patienten:

- ▶ Tragen Sie etwas Altmodisches (aber noch Ansehnliches).
- ▶ Laufen Sie einen Tag ohne Make-up und mit Laufmaschen herum.
- ▶ Tragen Sie Freizeitkleidung bei einem offiziellen Anlaß.
- ▶ Erzählen Sie einem Freund oder einer Freundin vielleicht auch einem Verwandten von Ihrer Eßstörung.
- ▶ Gestehen Sie wichtigen Leuten Ihre Unzulänglichkeiten ein.
- ▶ Stopfen Sie Luftballons oder Kissen unter Ihre Kleidung, so daß Sie viel fetter aussehen als Sie sind. Laufen Sie einen Tag lang so herum.
- ▶ Gehen Sie im Schwimmbad oder Laden in den Sammelumkleideraum anstatt in eine Einzelkabine.
- ▶ Kaufen Sie in einem Scherzartikelgeschäft etwas, das Ihren Po oder Bauch sehr dick aussehen läßt.
- ▶ Lassen Sie absichtlich etwas bei der Arbeit schiefgehen.

11.
Die eigene Stimme finden

Haben Sie sich in der überangepaßten Person in Kapitel 10 wiedererkannt? Sind Sie ein Mensch, dessen Leben beherrscht und gleichzeitig zerstört wird durch das Gefühl »ich sollte...«? Fühlen Sie sich ausgelaugt, weil Sie immer nur geben, geben und geben? Nutzen andere Sie aus, weil Sie immer »Ja« sagen, wenn man Sie fragt, auch wenn Sie viel lieber »Nein, nein, nein!« schreien möchten? Können Sie niemandem einen Gefallen abschlagen, weil er sich dann vielleicht unwiderruflich gekränkt fühlen könnte? Haben Sie Angst zu sagen, was Sie möchten, weil Sie dann vielleicht als total egoistisch und selbstsüchtig angesehen werden? Wenn Ihre Antwort auf nur eine dieser Fragen »Ja« ist, lesen Sie weiter! Sie leiden vermutlich unter einem Mangel an Selbstbehauptung! Dieser Mangel ist oft das Ergebnis eines sehr geringen Selbstwertgefühls, dem Gefühl, man sei völlig unbedeutend oder überhaupt nicht liebenswert.

Sandra ist eine 20jährige Sekretärin in einem erfolgreichen Kleinbetrieb. »Ich habe das Gefühl, daß keiner sich wirklich für mich interessiert, daß ich nicht besonders nett oder interessant bin.« Zu der Zeit, als Sandra eine Therapie begann, hielt sie so wenig von sich selbst, daß sie fortwährend ihre Gefühle von Schuld, Scham und Selbstekel unterdrücken und ihren Wert wie ihre Nützlichkeit unter Beweis stellen mußte, indem sie für andere praktisch oder emotional sorgte. »Wir sind vier Frauen im Büro. Wenn der Chef erscheint und fragt: ›Wer kocht mir einen Kaffee?‹, bin immer ich es, die aufspringt. Natürlich bleibt mir auch immer der Abwasch. Die anderen tun es einfach nicht. Oft bleibe ich zum Aufräumen, wenn die an-

deren schon nach Hause gegangen sind.« Sandra nahm auch regelmäßig doppelt soviel Arbeit mit nach Hause als alle anderen. Das eine oder andere Mal versuchte ihr Chef, sie zu unterstützen, indem er eine andere Frau bat, einen Teil von Sandras Bürde zu übernehmen. *»Ich mochte das überhaupt nicht, obwohl ich weiß, daß er mir nur helfen wollte. Aber ich fühlte mich danach vollkommen schuldig«.*

Ist Sandra eine Masochistin oder eine Märtyrerin? Wahrscheinlich keines von beiden, aber sie hatte sich zu sehr daran gewöhnt, als »Fußabtreter« zu dienen, und fand es bedrohlich, diese Rolle aufzugeben. Sandra hatte Angst, sie würde von anderen abgelehnt, wenn sie auch einmal »Nein« sagen würde.

Manchmal ist es die Angst vor einem Ausbruch von aufgestauter Wut und Frustration, die jemanden daran hindert, seine Meinung zu sagen.

Charlotte, eine 20jährige Studentin, teilt sich eine Wohnung mit einer anderen jungen Frau. »Obwohl wir als Gleichberechtigte die Wohnung teilen sollten, scheine ich nicht das Recht zu haben, meine Meinung zu äußern. Annette, meine Mitbewohnerin, ist sehr direkt und oft wirklich gedankenlos. Das ärgert mich schon seit einiger Zeit. Neulich sagte sie vor ihren Geburtstagsgästen, sie würde in einem Restaurant für mich kein Essen bezahlen, weil ich es sowieso erbrechen würde. Ich war wütend. Ich hätte sie treten oder schlagen oder anschreien mögen. Statt dessen habe ich nichts gesagt und sie nur nervös angelächelt.«

Den eigenen Standpunkt behaupten

Wir können unsere Wünsche, Bedürfnisse und Gefühle auf dreierlei Weise vermitteln:

Indirekt – die eigenen Wünsche, Bedürfnisse und Gefühle werden zum Schweigen gebracht. Dies äußert sich meist in einer gebeugten Körperhaltung, niedergeschlagenen Augen und einer zögerlichen, kichernden oder maulenden Ausdrucksweise, die folgende Standardbegriffe oder -sätze beinhaltet: »vielleicht«, »Könnten Sie vielleicht...«, »Alles in Ordnung, machen Sie sich keine Mühe«.

Selbstbewußt – man drückt die eigenen Wünsche, Bedürfnisse und Gefühle aus, bedenkt aber auch die seines Gegenübers.

Aggressiv – man bedenkt nur die eigenen Wünsche, Bedürfnisse und Gefühle. Unangebrachte Wut oder Feindseligkeit wird laut oder explosiv geäußert, begleitet von Drohungen (»Sie sollten lieber...«), abschätzigen Bemerkungen (»Sie machen wohl Scherze...«) oder wertenden Bemerkungen (»Ich hätte Sie für klüger gehalten...«).

Jede von uns handelt in bestimmten Situationen nach diesen drei Mustern. Frauen mit Eßstörungen pendeln oft zwischen einer indirekten und aggressiven Ausdrucksweise und haben Schwierigkeiten, einen gesunden Mittelweg zu finden.

▶ Denken Sie an das letzte Mal, als Sie sich indirekt verhalten und Ihre eigenen Gefühle unterdrückt haben. Rekonstruieren Sie Ihr Verhalten bei diesem Ereignis Schritt für Schritt. Erinnern Sie sich an die in Kapitel 2 beschriebene Methode und identifizieren Sie:

Auslöser: Wo, was, mit wem und wann?
Welche Gedanken hatten Sie?
Welches waren die Gefühle, die Sie unterdrücken wollten?
Gedankengänge, die häufig zu indirektem Verhalten führen, sind:
»Wenn ich etwas sage, wird er oder sie mich nicht mögen.«
»Es ist albern, wenn ich mich aufrege.«

Verhalten: Indirektes Verhalten (Auf welche Weise haben Sie sich ausnutzen lassen?)

Konsequenz: Welche positiven und negativen Konsequenzen ergaben sich daraus?

Selbstsicheres Verhalten ist eine Fertigkeit, die man erlernen und anwenden sollte, um ein gesundes Gleichgewicht zwischen der Befriedigung der eigenen Bedürfnisse und der anderer herzustellen. Aber ist es nicht schrecklich riskant, sich zu behaupten? Sicher, es mag Ihnen einfacher erscheinen, Ihre Bedürfnisse, Wünsche und Gefühle weiterhin nicht zu äußern – auf längere Sicht wird es aber Ihrer körperlichen und seelischen Gesundheit schaden.

– Ein Mangel an Selbstbehauptung führt zum allmählichen Aufstauen von Frustration, die Ihre Bulimie befördert und eventuell weitere Gesundheitsprobleme wie Kopf- und Rückenschmerzen verursacht.
– Andere mögen Mitgefühl für Sie haben und Ihr nicht vorhandenes Selbstbewußtsein scheinbar sympathisch finden. Bald aber wird man sich über Sie ärgern, besonders dann, wenn Sie darüber stöhnen, wie unfair doch das Leben sei, oder wenn es Ihnen wegen Ihrer Bulimie schlecht geht und Sie nichts dagegen unternehmen.
– Indem man Konflikte ignoriert, verschwinden sie vielleicht kurzfristig, auf lange Sicht aber werden sich Spannung und Frustration verstärken. Es ist deshalb wesentlich gesünder, problematische Dinge anzugehen, sobald sie auftauchen.

Vielleicht sagen Sie noch: »Das alles erscheint mir ziemlich anstrengend und birgt das Risiko, daß sich die Leute mir entfremden. Ich habe zuviel Angst, es auch nur zu versuchen.« Aber verstehen Sie uns nicht falsch. Keiner sagt, Sie sollten sich über Nacht in einen selbstsicheren Menschen verwandeln, der sich zu allen Zeiten und in jeder Situation durchsetzt. Sie sollten aber zumindest in der Lage sein, sich in bestimmten Situationen zu behaupten.

Grundregeln für selbstbewußtes Verhalten

Wie jeder andere Mensch haben Sie Grundrechte: das Recht, eine eigene Meinung zu haben und dieser Ausdruck zu verleihen;

das Recht, Fehler zu machen; das Recht, Bitten abzuschlagen, ohne Schuldgefühle zu empfinden; das Recht, Ihre Meinung zu ändern; das Recht, eigene Prioritäten und Ziele zu setzen; das Recht, Ihre eigenen Verhaltensweisen, Gedanken und Gefühle zu haben und für sie die Verantwortung zu übernehmen. Hier einige Hinweise für Gesprächs- oder Verhandlungssituationen im beruflichen und privaten Bereich.

- **Denken Sie voraus:** Machen Sie sich klar, was Sie erreichen wollen, was Ihre Ziele und Rechte und die der anderen sind, bevor Sie sich in eine Verhandlung begeben. Bedenken Sie mögliche Einwände im voraus und überlegen Sie, welche Antworten Sie geben können – gute Vorbereitung steigert Ihr Selbstvertrauen.
- **Bestimmen Sie wenn möglich selbst den Zeitpunkt:** Die Chefin um eine Gehaltserhöhung zu bitten, wenn sie auf dem Weg zu einer Besprechung an Ihrem Schreibtisch vorbeikommt, ist nicht der rechte Augenblick! Vereinbaren Sie einen Termin für eine Besprechung unter vier Augen.
- Äußern Sie Bitten **direkt und gezielt.** Vermeiden Sie unbestimmte Ausdrücke wie »bloß«, »lieber« und »vielleicht«. Sagen Sie nicht: »Ich habe mich gefragt, ob ich wohl auf die Beförderungsliste kommen könnte.« Sagen Sie: »Können Sie mich auf die Beförderungsliste setzen?«
- **Kritisieren Sie das Verhalten**, nicht die Person. Nennen Sie Tatsachen und keine Urteile. Vermeiden Sie Ausdrücke wie »immer«, »nie« und »unmöglich«. Sagen Sie etwas Positives über die Person oder die Situation. Wenn Sie gesprochen haben, schwanken Sie nicht. Schwächen Sie Ihre Aussage nicht durch Entschuldigungen ab.
- Wenn Sie »Nein« sagen müssen, **bieten Sie Alternativen an:** »Ich fürchte, ich kann heute abend nicht für Sie babysitten, aber morgen bin ich noch frei, wenn das hilft.«
- Benutzen Sie die **Technik der »kaputten Schallplatte**« bei Menschen, die vom Thema abschweifen oder Sie bekehren wollen. Wiederholen Sie ruhig Ihren Standpunkt, egal, was der andere sagt.

- Nehmen Sie Blickkontakt auf. Stehen Sie aufrecht und entspannt: Schultern nicht hochgezogen, Arme locker hängen lassen, nicht abwehrend verschränkt.

Wenn Sie kritisiert werden, empfehlen wir Ihnen folgende Techniken:

- Nehmen Sie ruhig an, daß die Kritik teilweise berechtigt ist, aber beurteilen Sie selbst, was Sie davon annehmen und was Sie daraus lernen wollen.
- Akzeptieren Sie Ihre Fehler oder Irrtümer, ohne daß Sie meinen, sich sofort entschuldigen zu müssen.
- Nutzen Sie die Informationen, die Sie durch die Kritik erhalten haben, oder vergessen Sie sie, wenn die Bemerkung völlig unkonstruktiv war.

Selbstbehauptung in der Praxis

Wahrscheinlich haben Sie manches, was Sie hier beschrieben finden, schon einmal in Büchern oder Frauenzeitschriften gelesen, fragen sich aber noch, wie man dies alles in die Praxis umsetzen kann. Für Situationen, auf die Sie sich vorbereiten können, tun Sie folgendes:

- Üben Sie, was Sie sagen wollen, vor dem Spiegel.
- Nehmen Sie es auf Band auf.
- Machen Sie ein Rollenspiel mit einem Freund oder einer Freundin. Wechseln Sie die Rollen, spielen Sie auch den Menschen, an den Sie die Bitte richten wollen.

Natürlich gibt es auch Situationen, in denen man spontan reagieren muß. Vielleicht sind Sie so sehr daran gewöhnt, auf alle Bitten mit »Ja« zu antworten, daß Sie erst im nachhinein merken, wieder gegen Ihren Willen eine zusätzliche Verpflichtung übernommen zu haben. Denken Sie daran, daß Sie das Recht haben, es sich anders zu überlegen. Rufen Sie die Person, der Sie zugesagt haben, an, und sagen Sie: »Es tut mir leid, aber ich kann diese zusätzliche Arbeit doch nicht übernehmen«. Vielleicht fällt es Ihnen auch schwer, eine selbstbewußte Antwort zu finden, wenn man Sie in Verlegenheit bringt. Sie müssen aber auch gar nicht absolut schlagfertig sein. Sie können der Person später erzählen, wie Sie sich in der Situation gefühlt haben. Sagen Sie: »Ich möchte mit Ihnen über das reden, was Sie mir gestern gesagt haben. Es hat mir richtig wehgetan, als Sie sagten, ...«

Wenn Sie sich zum ersten Mal selbst behaupten, werden Sie es schrecklich schwierig finden. Aber mit einiger Übung werden Sie Fortschritte machen. Selbstsicheres Verhalten fördert das Selbstvertrauen, und das wiederum stützt Ihre Selbstbehauptung. Allmählich werden Sie Ihr Leben als ausgeglichen empfinden. Nachfolgend finden Sie ein Beispiel für eine unangenehme Situation, mit der eine unserer Patientinnen zu kämpfen hatte.

Ursula ist eine sanfte, allgemein beliebte Person, die in ihrer Freizeit im Orchester spielt. Daniela, die auch im Orchester spielt, wollte sich unbedingt mit Ursula anfreunden. Daniela rief täglich an, um Ursula stundenlang all ihre Probleme zu erzählen. Sie schien aber scheinbar nie Interesse zu haben, auch Ursula zuzuhören. Wiederholt lud sie Ursula ein, mit ihr auszugehen, und zwar auf eine Weise, die es schwer machte abzulehnen: »Du hast heute abend nichts vor? Das trifft sich gut. Ich habe zwei Theaterkarten, kommst Du mit? Ich hole Dich mit dem Auto ab.« Ursula fühlte sich anfangs überrumpelt, wurde dann aber sehr ärgerlich auf Daniela und mied sie. Sie sagte ihren Eltern, sie sollten sie verleugnen, wenn Daniela anriefe. Ursula überlegte, dem Orchester fernzubleiben, obwohl sie sehr gern hinging. Teilweise hatte sie auch Mitleid mit Daniela, die wenige Freunde zu haben schien. Ursula dachte, wenn sie Daniela etwas abschlüge, würde sie sie verletzen, und dadurch, daß sie von ihr Theaterkarten und andere kleine Gefälligkeiten angenommen hatte, hätte sie das Recht verloren, sich in dieser Beziehung durchzusetzen und abzugrenzen. Offensichtlich mußte etwas geschehen. Wahrscheinlich hatte Ursula durch ihr

Verhalten, Daniela teilweise aus dem Wege zu gehen, deren Aufdringlichkeit noch verstärkt, so daß die einzige Möglichkeit, sich wieder zu befreien, darin bestand, Daniela gegenüber mutig aufzutreten.

Und so behauptete Ursula sich schließlich gegenüber Daniela mit Hilfe der Technik der »kaputten Schallplatte« in einem Telefongespräch.

Ursula: »Hallo, hier ist Ursula.«
Daniela (etwas vorwurfsvoll): »Hallo, ich versuche schon den ganzen Tag, Dich zu erreichen, wo warst Du?«
Ursula (etwas defensiv): »Ich mußte einige Besorgungen machen.«
Daniela: »Bist Du heute abend zu Hause?«
Ursula: »Ja.«
Daniela: »Machst Du etwas Besonderes?«
Ursula: »Nein, eigentlich nicht, ich wollte nur fernsehen.«
Daniela (enthusiastisch): »Gut, ich dachte, ich komme einfach vorbei. Ich hole unterwegs eine Pizza. Ist Dir acht Uhr recht?«
Ursula: »Eigentlich fühle ich mich nicht in der Stimmung, heute abend jemanden zu sehen. Ich brauche etwas Zeit für mich alleine.«
Daniela (überrascht): »Ach, sei doch nicht langweilig. Dieses alleine Herumsitzen tut Dir überhaupt nicht gut.«
Ursula: »Es tut mir leid, daß Du mich langweilig findest, aber ich möchte mich wirklich heute abend nicht mit Dir treffen. Vielleicht können wir uns am Wochenende sehen.«
Daniela (verführerisch): »Ich dachte nur, es wäre schön, sich heute abend zu treffen, es gibt Neuigkeiten mit Andreas, die ich Dir erzählen wollte.«
Ursula: »Ich möchte es liebend gern hören, aber heute abend bin ich einfach nicht dazu in der Lage.«
Daniela (immer aufgeregter): »Ich verstehe nicht, was los ist. Du sagst mir, Du hast nichts vor, und ich darf trotzdem nicht kommen. Ich finde das wirklich egoistisch. So behandelt man keine gute Freundin.«

Ursula: »Es tut mir leid, aber ich möchte heute abend wirklich allein sein.«

Daniela versuchte offensichtlich im Laufe des Telefongespräches, Ursula Schuldgefühle und ein schlechtes Gewissen einzureden. Ursula wurde damit gut fertig, indem sie nicht darauf einging und sich nicht auf die Diskussion einließ, ob sie nun egoistisch handelte oder nicht.

12.
Selbstzerstörerische Verhaltensmuster

Schaden Sie sich mit Suchtmitteln?

Alkohol- und Drogenmißbrauch, Ladendiebstahl und übermäßiges Geldausgeben sind verbreitete Probleme bei Menschen mit Eßstörungen. Diesen Problemen liegen verschiedene emotionale Ursachen zugrunde, die auch zu Eßattacken führen können (siehe Kapitel 10). Zuweilen werden solche Verhaltensmuster als Flucht vor den Eßproblemen benutzt, um die Schuldgefühle zu betäuben, die einerseits mit Eßattacken und Erbrechen, andererseits mit quälenden Hungergefühlen einhergehen. Oder sie sind als »Heilmittel« für andere Probleme gedacht; so werden z. B. Alkohol und Drogen oft zur Entspannung und bei Schlaflosigkeit konsumiert. Häufig wird damit auch versucht, unangenehmen Zuständen wie Langeweile, Depressionen oder Ängsten auszuweichen. Aus eher zufälligen, harmlosen Anfängen können leicht permanente selbstzerstörerische Verhaltensmuster entstehen.

Auch starke Kontaktängste führen häufig zu Alkohol- oder Drogenmißbrauch. Menschen fällt es vor allem dann schwer, aus dem Haus zu gehen, ohne etwas getrunken zu haben, wenn sie sich unattraktiv finden. Auch Brigitte versuchte, ihre Unsicherheit mit Alkohol zu überwinden:

»Ich war schon immer ein schüchterner Mensch. Besonders wenn mir jemand gefällt, versagt meine Zunge ihren Dienst, und ich verschließe mich. Ich habe Schweißausbrüche, und mir fällt nichts mehr ein, was ich sagen könnte. Andere müssen mich für total langweilig halten. Meine Bulimie hat es mir noch

schwerer gemacht, in Gegenwart von anderen entspannt zu sein. Ich kann nur ausgehen und mich amüsieren, wenn ich vorher etwas getrunken habe. Gewöhnlich trinke ich eine halbe Flasche Wein, bevor ich überhaupt ausgehe. Dann trinke ich den ganzen Abend weiter. Oft kann ich mich am nächsten Tag kaum noch erinnern. Aber die anderen erzählen mir dann, daß ich mich in diesem Zustand vollkommen daneben benommen habe.«

Natürlich fällt es anderen auf, wenn Sie bei den Treffen jedesmal betrunken sind, Medikamente oder Drogen genommen haben. Das läßt Sie natürlich in keinem guten Licht erscheinen. So erging es auch Brigitte.

»Einige gute Freunde haben mir gesagt, daß es keinen Spaß mache, mit mir zusammen zu sein, wenn ich betrunken bin. Ich torkele herum, mache Witze, die außer mir niemand lustig findet, und mache Männer an. Ein- oder zweimal bin ich sogar mit Männern ins Bett gegangen, die ich überhaupt nicht kannte und mit denen ich hinterher, als ich nüchtern war, nichts mehr zu tun haben wollte.«

Manchmal sind Alkohol- oder Drogenmißbrauch das Resultat des alten »Ich halt es nicht mehr aus, das Leben ist furchtbar«-Syndroms. Alkohol wird dazu benutzt, den Lebensschmerz zu lindern (siehe Kapitel 10), wie die folgenden Beispiele von Julia und Maria zeigen. Wenn sich aber erst einmal ein Verhaltensmuster durchgesetzt hat, in dem sich alles um Alkohol, Medikamente und Drogen dreht, dann wird Ihr Leben noch viel schwerer zu ertragen sein.

Julia war eine vielversprechende Tänzerin, sie wurde aber wegen ihrer Bulimie aus der Tanzschule hinausgeworfen. »Alle meine Hoffnungen waren zerbrochen. Ich hatte nichts anderes gelernt. Ehrlich gesagt, wollte ich auch nichts anderes machen. Ich habe Jahre mit Tanzen verbracht, immer mit dem Gedanken, eine professionelle Tänzerin zu werden. Ich war so wü-

tend. Wütend auf die Schule, die mich rausgeworfen hatte; wütend auf mich selbst und darauf, daß ich meine Bulimie nicht besser vor ihnen versteckt hatte. Ich war wütend auf meine Eltern, auf die ganze Welt. Dann traf ich Klaus, und wir fingen eine Beziehung an. Klaus trinkt gern Alkohol, und bald waren wir Abend für Abend in der Kneipe. Keiner von uns hatte einen Job. Meine Mutter mochte ihn nicht, aber mir war das egal. Ich trank einfach und trank und trank, Abend für Abend. Ich konnte nicht aufhören. Irgendwann habe ich versucht, Klaus zu verlassen. Er ließ mich nicht gehen. Er wollte mich nicht gehen lassen und schlug mich.

Maria nimmt Drogen, um sich wohl zu fühlen: »Ich rauche jeden Tag Marihuana. Wie ich ohne Drogen drauf bin? Angespannt, unruhig, und ich lasse mich von Sorgen über triviale Dinge auffressen. Ich bin die Art von Frau, die sich immer wegen irgendetwas Sorgen macht. Ich spiele alle Situationen endlos in Gedanken durch, überlege, wie ich mich in bestimmten Situationen verhalten habe, was ich in bestimmten Unterhaltungen hätte sagen oder nicht sagen sollen. Hasch blendet das alles aus. Manchmal mache ich mir Sorgen deswegen, es laugt mich wirklich aus. Ich habe keinen Antrieb, keine Motivation.«

Einige Drogen, wie z.B. **Amphetamine, helfen beim Abnehmen.** Der zu zahlende Preis ist jedoch hoch. Eine Patientin berichtet: »Als ich Amphetamine einnahm, war ich in so euphorischer Stimmung, daß ich nicht schlafen konnte. Meine Persönlichkeit veränderte sich, und ich wurde sehr mißtrauisch«. Viele Appetitzügler, die man ohne Rezept kaufen kann, gehören zu dieser Stoffklasse und haben die beschriebenen Wirkungen.

Ecstasy

In letzter Zeit hat die Droge Ecstasy viel Aufmerksamkeit erregt. Es wird als sogenannte Designerdroge angepriesen, die angeblich keine negativen Auswirkungen hat. Aber das stimmt überhaupt nicht. Ein kürzlich in der renommierten medizinischen Zeitschrift *The Lancet* erschienener Artikel gab eine Übersicht über die gesundheitlichen Folgen von Ecstasy, die von Leberversagen bis zu plötzlichem Tod reichen.

Koffein und Süßstoff

Stop! Überspringen Sie diesen Absatz nicht, nur weil Sie keine illegalen Drogen nehmen. Was ist mit Ihrem Rauchen? Was mit Ihrem Konsum von Koffein und Süßstoff? Wir vergessen oft, daß auch Koffein eine mächtige Droge ist, die zu Angst, Panik und Zittern führen kann. Im Übermaß genossen, stört sie Ihren Schlaf und kann Ihr Denkvermögen beeinträchtigen. Es kann bewirken, daß Sie Ihre Gedanken nur schwer zusammenhalten können und mißtrauisch gegenüber Ihren Mitmenschen werden. Sie sollten sich dieselben Fragen wie in dem folgenden Abschnitt über Alkohol stellen, indem Sie das Wort »Alkohol« durch die Droge ersetzen, die Sie betrifft. Auch hier gilt: Wenn Sie mehr als drei Fragen mit »Ja« beantworten können, sind Sie höchstwahrscheinlich schon auf dem Weg in die Abhängigkeit von der betreffenden Droge.

Gibt Ihr Alkoholkonsum Anlaß zur Sorge?

Wenn Sie an einer Eßstörung leiden, haben Sie ein deutlich erhöhtes Risiko, alkohol- oder drogenabhängig zu werden, und zwar aus einer Reihe von Gründen. Wie die Forschung immer wieder bestätigen konnte, treten in Familien von Menschen mit Eßstörungen Alkohol- und Drogenprobleme gehäuft auf. Wir wissen nicht genau, warum das so ist, warum sich dieselben Probleme gewissermaßen wie ein roter Faden durch die Generationen ziehen. Vielleicht wird eine erhöhte Anfälligkeit genetisch weitervererbt. Aber eventuell wird auch in einer Familie, in der auf Probleme mit hohem Alkoholkonsum reagiert wird, dieses Verhaltensmuster von klein auf beobachtet und später übernommen.

Es gibt ebenso körperliche Voraussetzungen: Ihre eingeschränkte Nahrungsaufnahme macht Sie besonders empfänglich für die Verführung durch Alkohol, denn Ihr Körper lernt sehr schnell, daß dies die einzige Kalorienquelle ist, die Sie sich zugestehen. Dies steigert das heftige Verlangen nach Alkohol. Alkoholische Getränke sind »leere« Kalorien. Sie enthalten keine der für die Gesundheit unerläßlichen Substanzen wie Mineralstoffe oder Vitamine. Darüber hinaus verbraucht der Körper während des Abbau- und Entgiftungsprozesses die Vitaminreserven des Körpers. Sie gehen deshalb ein erhöhtes Risiko von Vitaminmangel ein, wenn Sie Alkohol trinken. Diese Mangelerscheinungen können zu Gehirnschäden führen, wobei Ihr Erinnerungsvermögen besonders gefährdet ist.

Alkohol senkt den Blutzuckerspiegel und macht deshalb hungrig. Da er außerdem enthemmt, geben Sie dem Hunger besonders leicht nach. Außerdem trinken die meisten Menschen Alkohol vorwiegend abends und erhöhen damit das Risiko, zu diesem Zeitpunkt mehr zu essen, als ihnen guttut.

Alkohol kann Ihnen also körperlichen und geistig-seelischen, aber auch sozialen Schaden zufügen. Ihre Beziehungen, Ihr Arbeitsleben, Ihr ganzes Wohlbefinden können durch Alkoholkonsum beeinträchtigt oder im Extremfall, sogar zerstört werden. Um Ihre wöchentliche Alkoholaufnahme zu berechnen, zählen Sie am besten das Getrunkene in folgenden Einheiten:

1 Einheit Alkohol: ein kleines Bier
                       eine Abmessung Schnaps
                       ein Glas Wein
                       ein kleines Glas Sherry
                       eine Abmessung Wermut oder ein Apéritif

Die Abmessungen zu Hause sind meistens wesentlich großzügiger als in einer Gaststätte. Deshalb sehen Sie genau hin, wieviel Alkohol Sie in Ihrem Glas haben. Sie finden dort vielleicht die Entsprechung von 2, 3 oder sogar 4 Einheiten. Schreiben Sie Ihren täglichen Konsum eine Woche lang in Ihr Tagebuch.

Sie haben vielleicht gehört, daß für Frauen bis zu 14 Einheiten pro Woche, über sieben Tage verteilt, keine gesundheitlichen Langzeitrisiken mit sich bringen (für Männer bis zu 21 Einheiten). Wir können jedoch aus den oben beschriebenen Gründen nicht sicher sein, welche Mengen für Frauen mit Eßstörungen und ihrem prekären Nährstoffgleichgewicht als unbedenklich gelten. Wenn Sie Ihren Alkoholkonsum auf, sagen wir, zwei Mal pro Woche konzentrieren und sich betrinken, erhöhen Sie die Risiken für Ihre Gesundheit auch ohne Eßstörung. Wenn Sie mehr als 22 Einheiten pro Woche trinken (bzw. mehr als 36 bei Männern), ist eine Gesundheitsschädigung vorprogrammiert. Sowohl Ihre Leber als auch Ihr Magen können in Mitleidenschaft gezogen werden. Sie können sich nur noch schlecht konzentrieren, und alle möglichen persönlichen und sozialen Probleme nehmen zu, etwa in finanzieller und rechtlicher Hinsicht, Probleme am Arbeitsplatz, zu Hause sowie in bezug auf Sexualität.

Versuchen Sie, die folgenden Fragen so ehrlich wie möglich zu beantworten:

- Trinken Sie häufig zu viel und denken danach, daß Sie Ihren Alkoholkonsum einschränken sollten?
- Verursacht Alkohol Ihnen Probleme, und haben Sie deswegen Schuldgefühle?
- Hat jemand einmal Einwände gegen Ihr Trinken gehabt oder Sie deswegen kritisiert?
- Haben Sie jemals morgens getrunken, um Ihre Nerven zu beruhigen oder um einen Kater loszuwerden?

Wenn die Antwort auf eine oder mehrere Fragen »Ja« ist, lesen Sie weiter.

- Passiert es Ihnen oft, daß Sie, wenn Sie einmal angefangen haben, Alkohol zu trinken, am Ende mehr konsumieren, als Sie eigentlich wollten?
- Versuchen Sie oft, Ihren Alkoholkonsum einzuschränken oder ganz damit aufzuhören?
- Nimmt Trinken bzw. angetrunken oder verkatert zu sein, einen großen Teil Ihrer Zeit in Anspruch?

- Trinken Sie manchmal Alkohol, obwohl Sie z.B. noch Auto fahren wollen?
- Trinken Sie so oft, daß Sie mittlerweile trinken, statt zu arbeiten oder Ihre Zeit mit Hobbies, der Familie oder Freunden zu verbringen?
- Verursacht Ihr Trinken Probleme mit anderen Leuten?
- Verursacht Ihr Trinken bei Ihnen auffällige seelische und körperliche Probleme?
- Haben Sie den Eindruck, daß Sie jetzt viel mehr Alkohol zu sich nehmen müssen, um betrunken zu werden, als zu der Zeit, als Sie mit dem Trinken anfingen?
- Zittern Sie, wenn Sie Ihr Trinken einschränken?

Wenn Sie mehr als drei Fragen mit einem klaren »Ja« beantwortet haben, dann sind Sie auf dem Weg in die Alkoholabhängigkeit. Solange Sie von Alkohol abhängig sind, wird es sehr schwer sein, Fortschritte in bezug auf Ihr Eßproblem zu machen. Vielleicht möchten Sie Kontakt mit den Anonymen Alkoholikern (AA), den Guttemplern oder einer anderen Organisation wie z.B. einer Sucht- oder Alkoholberatungstelle vor Ort aufnehmen und sehen, welche Hilfen dort angeboten werden.

Haben Sie den Mut, auf Alkohol zu verzichten

Wenn Sie festgestellt haben, daß Sie Alkoholprobleme haben, sollten Sie Ihren Konsum einschränken oder ganz auf Alkohol verzichten. Nicht zu trinken wird gesellschaftlich immer mehr akzeptiert. Denken Sie an die entsprechende Entwicklung beim Rauchen. Vor fünf oder zehn Jahren wurden Menschen, die sich dagegen wehrten, daß in ihrer Gegenwart geraucht wurde, als sonderbar, dumm oder weichlich angesehen. Mittlerweile, nachdem die gesundheitlichen Risiken des Aktiv- und Passivrauchens allgemein bekannt sind, werden Raucher zur Zielscheibe der Kritik. Das ist einerseits das Ergebnis von öffentlichen Kampagnen, aber auch davon, daß viele Menschen in ihrem privaten Umfeld den Kampf gegen die Tyrannei der Raucher aufnahmen.

Können Sie auch ein wenig von diesem Mut aufbringen, wenn jemand versucht, Sie zum Trinken zu animieren? »Ach komm, stell Dich nicht so an, sei kein Spielverderber. Trink wenigstens einen kleinen Schluck!« Es ist unter Umständen sehr schwer, jemandem zu widerstehen, der einen unbedingt zum Trinken verführen will. Aber was sind das für Freunde, die Sie nur akzeptieren, wenn Sie mit ihnen trinken, womöglich noch in großen Mengen?

Wie Sie Ihren Alkoholkonsum einschränken können

▶ **Nehmen Sie weniger und kleinere Schlucke zu sich.** Zählen Sie, mit wie vielen Schlucken Sie ein Glas leeren, und versuchen Sie dann beim nächsten Mal, die Anzahl der Schlucke zu erhöhen.
▶ Beschäftigen Sie sich: **Machen Sie etwas, das Ihnen Spaß bringt** und Sie vom Trinken ablenkt, wie z.B. Musik hören, sich unterhalten, ein Kreuzworträtsel lösen usw.
▶ Wechseln Sie das Getränk: Das Getränk zu wechseln kann dazu beitragen, mit alten Gewohnheiten zu brechen und die getrunkene Menge zu reduzieren.
▶ Trinken Sie **langsamer**, und konzentrieren Sie sich auf den Geschmack.
▶ Imitieren Sie einen langsamen Trinker: Gucken Sie sich jemanden aus, der langsam trinkt, und werden Sie gleichsam sein Schatten, indem Sie Ihr Glas erst anheben, wenn er oder sie es auch tut.
▶ **Setzen Sie das Glas nach jedem einzelnen Schlückchen ab:** Wenn Sie das Glas in der Hand halten, werden Sie häufiger trinken. Machen Sie etwas anderes mit Ihrer Hand.
▶ **Verdünnen Sie alkoholische mit nichtalkoholischen Getränken.**
▶ Bestellen Sie Ihr Getränk so oft wie möglich selbst, oder wenn Sie sich schon an Runden beteiligen müssen, bestellen Sie, wenn Sie dran sind, für sich selbst nichts, oder wählen Sie ein nichtalkoholisches Getränk.

- Gönnen Sie sich Erholungstage: Trinken Sie an mindestens einem Tag der Woche keinen Alkohol, besser noch an zwei, drei oder sogar vier Tagen der Woche. Wählen Sie andere Arten der Unterhaltung und Entspannung.
- Fangen Sie später als üblich an zu trinken: Gehen Sie einfach später in die Kneipe.
- Lernen Sie in Rollenspielen, wie Sie eine Aufforderung zum Trinken ablehnen können. Vielleicht ist dies sogar die wichtigste Selbstbehauptungsfähigkeit, die Sie erwerben müssen. Sagen Sie zum Beispiel: »Nein danke, ich trinke nicht mehr so viel«. Im Notfall können Sie behaupten, einen verdorbenen Magen zu haben.

Vergessen Sie nicht: Alkohol enthemmt und erhöht somit die Wahrscheinlichkeit von Eßattacken.

Bringen Sie sich durch Ladendiebstahl in Schwierigkeiten?

Immer wieder begehen Frauen mit Eßstörungen Ladendiebstähle, obwohl es doch eine ernüchternde Tatsache ist, daß die meisten früher oder später erwischt werden. Warum also nehmen intelligente und ansonsten gesetzeskonforme Menschen das erhebliche Risiko öffentlicher Erniedrigung, eines Gerichtsverfahrens, Vorstrafenregisters, Bußgeldes und in einigen Fällen sogar eines Gefängnisaufenthaltes auf sich?

Dafür gibt es eine Reihe von Gründen: Einige stehlen, wenn sich eine Eßattacke ankündigt oder wenn sie nicht genug Geld haben, die dafür erforderlichen Lebensmittel zu kaufen. Andere stehlen Dinge, die sie gar nicht brauchen und die ihnen nicht einmal gefallen. Häufig können die Betroffenen nicht erklären, warum sie so etwas getan haben. Die genaue Ursache für dieses anscheinend irrationale Verhalten ist nicht bekannt. Man nimmt an, daß es mit dem Hunger zusammenhängt. So entwickeln z. B. ausgehungerte Tiere einen ausgeprägten Sammeltrieb. In einem berühmten Hungerexperiment, das Mitte der 50er Jahre in den USA durchgeführt wurde, zeigte sich, daß Männer, die an der Studie teilnahmen und vorsätzlich hungerten, anfingen, alles mögliche zu sammeln und zu horten.

Wiederholte Ladendiebstähle können auch eine Möglichkeit sein, um Langeweile und Depressionen zu vertreiben, indem man einen Nervenkitzel erzeugt. Diese angenehme Aufregung kann aber zu Abhängigkeit und der Bereitschaft führen, immer größere Risiken einzugehen. Luise berichtet:

»Seit fünf Jahren begehe ich regelmäßig Ladendiebstähle; seitdem meine Bulimie angefangen hat, ist es noch viel schlimmer geworden. Als Kind war ich sehr unglücklich und habe manchmal Süßigkeiten gestohlen, jetzt sind es meistens Kosmetika oder Ohrringe. Ich neige besonders dazu, wenn ich in einer meiner Freßphasen bin, aber nicht so sehr, wenn ich eine Diät mache und das Gefühl habe, alles unter Kontrolle zu haben. Es gibt mir einen Rausch, es ist aufregend und macht mir gleichzeitig auch Angst«.

Im Laufe der Zeit werden Sie von dem Rausch immer abhängiger, und selbst wenn Sie überzeugt sind, nicht erwischt zu werden, passiert es letztendlich doch.

Klara begann mit Ladendiebstählen ein paar Jahre, nachdem ihre Bulimie angefangen hatte. Sie entwendete Kleidungsstücke, Nahrungsmittel, Kosmetikartikel und Zeitschriften. Sie führte lange, detaillierte Listen mit all den Sachen, die sie gestohlen hatte. »Ich weiß bis heute nicht, warum ich das tat. Ich mußte einfach. Ich war wie besessen. Es gab mir das Gefühl, Kontrolle zu haben. Ich wußte, daß ich ein hohes Risiko einging. Ich stahl sogar in Läden, die mit Kameras überwacht wurden. Vielleicht wartete ich unbewußt darauf, erwischt zu werden.« Klara wurde nach einigen Jahren regelmäßigen Stehlens geschnappt. Sie unternahm keinen Versuch, ihre Taten zu beschönigen. Die Polizei fand die Liste der gestohlenen Sachen, und Klara mußte eine mehrmonatige Gefängnisstrafe verbüßen. »Das Gefängnis war nicht das Schlimmste. Viel schlimmer war die Tatsache, daß die ganze Geschichte in der Lokalpresse veröffentlicht wurde, mit meinem Namen und meiner Adresse. Bis dahin hatte ich keinem etwas von meiner Bulimie erzählt, und daß die ganze Sache in die Öffentlichkeit gezogen wurde, war das Schrecklichste.«

Geben Sie zwanghaft Geld aus?

Übermäßiges Geldausgeben ist eine andere Form des selbstzerstörerischen Umgangs mit Depressionen, Leere und Langeweile. Obwohl die meisten Menschen dadurch nicht mit dem Gesetz in Konflikt kommen, verursacht es doch spezielle Probleme. Viele bulimische Frauen geraten durch ihr zwanghaftes Einkaufen in eine dermaßen **hoffnungslose finanzielle Lage**, daß sie verschiedensten Gläubigern Tausende von Mark schulden. Wenn man einmal erkannt hat, daß es keine Möglichkeit mehr gibt, die Schulden jemals zurückzuzahlen, tritt oft der Gedanke auf, es sei gleichgültig, wenn man einfach weitermacht, und man gerät so immer tiefer und tiefer in Schwierigkeiten.

Susanne ist eine alleinerziehende Mutter, die von Sozialhilfe lebt: »Ich hatte in letzter Zeit die Nase voll und fühlte mich deprimiert. Nichts machte mir Freude, nichts interessierte mich. Und dann kam plötzlich dieser Katalog, und ich fing an, verschiedene Dinge zu bestellen, unter anderem einen Staubsauger, einen Mixer, und ein paar andere Kleinigkeiten für die Küche. Eine Zeitlang fühlte ich mich deshalb besser, so, als ob ich etwas erreicht hätte. Das hielt jedoch nicht lange an. Alles in allem mußte ich 1.500 DM bezahlen. Als die Ware ankam, habe ich nicht einmal die Pakete geöffnet, um den Inhalt zu überprüfen. Das Zeug liegt seit drei Wochen völlig unangetastet in meinem Schrank.«

Die Folgen des übermäßigen Geldausgebens hindern Menschen oft daran, ihre eigentlichen Wünsche zu verwirklichen, wie z.B. in Urlaub zu fahren, umzuziehen, einen Volkshochschulkurs zu besuchen etc.

Lisa, eine Stenotypistin, lebt bei ihren Eltern. Sie schuldet ihrer Bank 6.000 DM und ihren Eltern weitere 4.500 DM. »Ich würde gerne von zu Hause ausziehen, aber ich kann nicht. Bei meiner derzeitigen finanziellen Lage könnte ich es mir auf keinen Fall erlauben, Miete zu bezahlen. Das meiste Geld gebe ich für Kleidung aus. Kleidung, die ich häufig kein einziges Mal anziehe. Es ist, als ob ich verzweifelt versuchen würde, das Richtige zu finden.«

Wenn Sie zuviel Geld ausgeben oder stehlen

Identifizieren Sie Ihr Verhaltensmuster
Notieren Sie in Ihrem Tagebuch (Kapitel 2 – die AVK-Technik):

- Unter welchen Umständen (A's) geben Sie zuviel Geld aus?
- Wie haben Sie sich zu diesem Zeitpunkt gefühlt?
- Wie haben Sie sich danach gefühlt (K)?
- Was würde passieren, wenn Sie mit dem Geldausgeben aufhörten?
- Gestehen Sie sich andere Belohnungen und Freuden zu?
- Kennen Sie andere aufregende oder einfach schöne Dinge, die Sie tun möchten?

Wenn Sie Ladendiebstahl begehen: Manchen Menschen hilft schon allein die Vorstellung dessen, was ihnen schlimmstenfalls passieren könnte, um sie vom Stehlen abzuhalten. In Klaras Fall wurde der Alptraum Wirklichkeit. Schreiben Sie Ihren persönlichen Alptraum auf, und versuchen Sie, jedesmal daran zu denken, wenn Sie den Drang verspüren, etwas zu stehlen.

Wenn Sie zwanghaft Geld ausgeben: Sie müssen anfangen, Ihre Schulden abzubezahlen, wie langwierig dieser Prozeß auch sein wird. Es hilft Ihnen nicht weiter, wenn Sie alle Zahlungsaufforderungen in der Schublade verstecken, obwohl dies eine Problemlösungsstrategie ist, auf die Frauen mit Eßstörungen häufig zurückgreifen. Bankangestellte kennen solche Probleme und können Ihnen praktische Lösungsvorschläge machen. Sie können sich auch an eine Schuldnerberatungsstelle wenden. Gibt es einen Menschen (einen Freund oder eine Freundin), dem Sie dieses Problem anvertrauen möchten? Können Sie Freunde um Hilfe bitten, so daß diese vielleicht Ihr Scheckheft oder Ihre Kreditkarte kontrollieren? Können Freunde Ihnen bei der Erstellung eines Haushaltsplans helfen?

13.
Das Beziehungsgeflecht – Eltern, Freunde, Partner, Kinder

Ihr Elternhaus

Besonders wenn Sie noch bei Ihren Eltern wohnen, kann Ihre Eßstörung viel Aufregung und Konflikte in Ihrer Familie mit sich bringen. Vielleicht sind Ihre Eltern wütend auf Sie, wenn Sie die Speisevorräte plündern oder wenn Sie Essen ablehnen. Oder Sie fühlen sich an Ihrer Eßstörung mitschuldig und machen sich Vorwürfe. Möglicherweise schwanken sie hin und her zwischen dem Versuch, Ihnen zu helfen, indem sie für Sie kochen und Ihnen spezielle Diätnahrung kaufen, und der ärgerlichen Aufforderung, endlich mit dem »dummen« Eßverhalten aufzuhören. Vielleicht glauben Sie, daß Ihre Eltern Sie nicht verstehen oder Sie wie ein kleines Kind behandeln. Es ärgert Sie, daß sie ständig an Ihnen herumnörgeln, oder Sie leiden darunter, Ihren Eltern Kummer zu bereiten. Es ist sehr schwer, mit anderen zusammenzuleben, wenn man an einer Eßstörung leidet. Aber es ist ebenso schwierig, mit einer eßgestörten Person zusammenzuleben.

Elisabeth litt lange Jahre an Bulimie. Ihre Eltern wußten davon, und besonders ihre Mutter hatte viele Bücher zum Thema Eßstörungen gelesen. Nachdem Elisabeth eine Weile allein gelebt hatte, zog sie wegen finanzieller Schwierigkeiten wieder bei ihren Eltern ein. »Meine Mutter beobachtete mich immer sehr genau. Trotzdem sprach sie mich nie auf meine Eßstörung an. Sie faßte mich nur mit Samthandschuhen an. Ich erfuhr von meinem Freund, daß sie hinter meinem Rücken mit ihm gesprochen und ihm gesagt hatte, daß er immer zu ihr kommen könne, wenn er

Probleme mit mir hätte. Als er mir das erzählte, war ich sehr wütend. Bin ich eine Art Invalide, zu schwach, als daß man mit mir sprechen könnte? Ich glaube, meiner Mutter ist mein Problem zu peinlich, um darüber offen zu sprechen.«

Wie Sie die Beziehung zu Ihren Eltern verbessern können

- ▶ Wenn Sie Ihren Eltern noch nichts von Ihrem Eßproblem erzählt haben, überlegen Sie sich genau, ob Sie das nicht tun sollten. Worin liegen die Vor- und Nachteile? Oft ahnen Ihre Eltern sowieso, daß mit Ihrem Eßverhalten etwas nicht stimmt. Darüber zu reden kann sowohl für Ihre Eltern als auch für Sie selbst eine große Erleichterung bedeuten.
- ▶ Wenn Sie ihnen von Ihrem Eßproblem erzählt haben und sich nichts gebessert hat, dann brauchen Ihre Eltern vielleicht mehr Informationen über Eßstörungen, um Sie besser verstehen und Ihnen helfen zu können. Möchten Sie Ihren Eltern vielleicht dieses Buch zum Lesen geben? Könnten Sie ihnen vorschlagen, zu einer Elterngruppe für die Angehörigen Eßgestörter zu gehen?
- ▶ Sagen Sie Ihren Eltern offen und ehrlich, wie sie Ihnen helfen können. Seien Sie präzise und direkt. Positive Vorschläge funktionieren besser als negative. Sagen Sie deshalb nicht: »Ihr versteht mich nicht. Ihr seht das alles ganz falsch.« Sagen Sie: »Es würde mir helfen, wenn ich abends mit Euch essen könnte. Eine Mahlzeit pro Tag mit anderen zusammen einzunehmen, wäre für mich ein großer Schritt nach vorn.«
- ▶ Vergessen Sie nicht, daß Ihre Eltern auch nur Menschen sind und daß sie wahrscheinlich manchmal etwas mißverstehen, ebenso wie Sie selbst. Erwarten Sie nicht, daß sie Sie nur in den Augenblicken nach Ihrer Eßstörung fragen, in denen Sie gerade gefragt werden möchten. Ihre Eltern können nicht Ihre Gedanken lesen.
- ▶ Wenn das Verhältnis sehr schlecht ist, sollten Sie darüber nachdenken auszuziehen.

Barbara, eine 18jährige Studentin, ist die jüngste einer vierköpfigen Familie. Sie war das Lieblingskind ihrer Eltern, weil sie gut in der Schule und eine talentierte Klavierspielerin war. Als sie mit 16 eine Magersucht entwickelte und fast daran starb, kamen sich ihre Eltern schrecklich vor und fühlten sich dafür verantwortlich. Als Barbara später bulimische Symptome entwickelte, konnten sie jedoch weder Verständnis noch Toleranz dafür aufbringen. Wenn sie nachts die Speisekammer plünderte, wurde das von ihrer Familie als ein Zeichen von Gefräßigkeit und moralischer Verdorbenheit aufgefaßt. »Meine Mutter und ich haben uns jeden Tag angeschrien. Eigentlich waren wir eine ruhige harmonische Familie, die ihre Probleme durch Gespräche zu lösen suchte.« Barbara wurde klar, daß ihre Eßstörung das Verhältnis zu ihren Eltern zerstören würde. Deshalb nahm sie sich eine kleine Wohnung. »Sobald ich ausgezogen war, besserte sich die Kommunikation zwischen mir und meinen Eltern allmählich wieder. Mein Vater half mir sogar dabei, die Wohnung zu renovieren. Meine Mutter ließ sich darauf ein, einmal die Woche mit mir einkaufen zu gehen, weil ich jedes Gefühl dafür verloren hatte, wieviel ich brauchte. Langsam fangen die Wunden an zu heilen. Ich besuche meine Eltern jeden Sonntag. Ich bin immer noch sehr traurig, wenn ich danach abends in meine leere Wohnung zurückkomme, doch ich glaube, daß es für uns keine andere Lösung gab.«

Schreiben Sie eine Bilanz über die Vor- und Nachteile, die das Leben zu Hause mit sich bringt. Wenn Sie zu dem Ergebnis kommen, daß Sie ausziehen sollten, dann denken Sie gründlich über mögliche Alternativen nach. Ganz allein in einem möblierten Zimmer oder in einer Ein-Zimmer-Wohnung zu leben, in einer Gegend, in der Sie niemanden kennen, kann alles noch schlimmer machen. Könnten Sie eine Freundin oder einen Freund finden, mit der oder mit dem Sie gemeinsam eine Wohnung mieten?

Freunde

In ihrem Buch *The Art of Starvation* (Die Kunst des Hungerns) schreibt Sheila MacLeod: »Menschen, die an Magersucht leiden, haben ein fundamentales Mißtrauen gegenüber zwischenmenschlichen Beziehungen, die sich so oft als rein fassadenhaft und destruktiv erwiesen haben ... auf der anderen Seite sehnen sie sich nach einer Beziehung zu einem anderen Menschen, der sie versteht und sie so akzeptiert, wie sie sich selber sehen.« Ihre Eßstörung kann es Ihnen sehr schwer machen, jemandem zu vertrauen, besonders wenn Sie schon einmal enttäuscht worden sind. Vielleicht fällt es Ihnen auch schwer, selbst eine zuverlässige Freundin oder ein zuverlässiger Freund zu sein. Unter Umständen halten Sie mit Freunden getroffene Verabredungen nicht ein, weil sie mit Nahrungsaufnahme verbunden sind. Sie nehmen Einladungen zum Essen oder zu Parties gar nicht erst an, weil Sie zu große Angst davor haben. Möglicherweise sehen Sie sich selbst als so isoliert vom Rest der Welt, daß Sie sich tatsächlich fragen, was für einen Sinn es hat, sich mit Freunden zu treffen, die gar nicht wissen, was Sie eigentlich bedrückt. Nachdem Sie mehrmals Verabredungen nicht eingehalten haben, gehen Sie vielleicht auch zu anderen nicht mehr hin, weil Sie nicht mit der Reaktion Ihrer Freunde konfrontiert werden wollen. Wenn Ihre Freunde nichts von Ihrer Eßstörung wissen, werden sie Ihre Verhaltensweise nicht verstehen und sich vielleicht von Ihnen distanzieren. Sie können die Situation aber verbessern, indem Sie Ihren Freunden von Ihrem Eßproblem erzählen.

Sollten Sie sich Ihren Freunden anvertrauen?

Mit Freunden kann man häufig besser reden als mit den Eltern. Bevor Sie ihnen jedoch etwas erzählen, überlegen Sie, wie deren Reaktion aussehen könnte:

▶ Wenn Sie denken: »Sie werden nichts davon wissen wollen,

sie werden mich nicht mehr mögen, wenn ich ihnen davon erzähle«, sollten Sie sich fragen, ob das wirklich stimmt. Ist es vielleicht so, daß *Sie* diese Angst haben? Wenn Sie sich sicher sind, daß Ihre Freunde nicht positiv reagieren werden, dann sollten Sie sich überlegen, ob diese Leute es wert sind, als Freunde behandelt zu werden.

▶ Wenn Sie meinen: »Sie werden wohlwollend sein, aber mich nicht richtig verstehen«, dann müssen Sie sie vielleicht mehr über Bulimie informieren. Sie sollten ihnen z.B. dieses Buch zu lesen geben.

▶ Wenn Sie sich sagen: »Natürlich würde meine beste Freundin wegen meines Eßproblems nicht schlecht von mir denken, aber ich könnte es ihr trotzdem nicht sagen ...« sollten Sie sich überlegen, warum es Ihnen so schwer fällt, sich anzuvertrauen. Was haben Sie zu verlieren? Zum Gesundwerden gehört, daß Sie ein bißchen aus sich herausgehen und andere Menschen zum Zuhören und zur Unterstützung an sich heranlassen. Wenn Sie glauben, Ihr Problem vollkommen geheimhalten zu müssen, kann das möglicherweise etwas über Ihre Motivation aussagen, sich verändern zu wollen. Vielleicht ist sie gar nicht so stark, wie Sie dachten?

Möglicherweise haben Sie Ihren Freunden schon vor langer Zeit von Ihrer Eßstörung erzählt, aber Sie sorgen sich immer noch über die Auswirkung, die Ihre Eßstörung auf Ihr Verhältnis zu ihnen haben könnte. Sie sollten sich die folgenden Fragen stellen:

– Bemühen Sie sich um Ihre Freundschaften, oder warten Sie immer darauf, daß andere Sie anrufen? In einer Beziehung den ersten Schritt zu tun macht Angst.
– Vielleicht denken Sie: »Ich möchte nicht den Eindruck erwecken, daß ich jemanden bräuchte.« Vielleicht haben Sie Angst, daß die Leute nur aus Mitleid mit Ihnen ausgehen? Vergessen Sie nicht, wir alle sind auf andere Menschen angewiesen. Jemanden zu brauchen und sich zu wünschen, mit ihm oder ihr zusammenzusein, ist keine Schwäche, sondern in Wirklichkeit eine Stärke.

– Wie fühlen *Sie* sich, wenn Sie jemand anruft? Ist Ihr erster Gedanke, daß die Person am anderen Ende der Leitung schwach ist, weil sie mit Ihnen zusammensein möchte? Bestimmt nicht!

Freundschaften schließen

Haben Sie mittlerweile einige oder alle Freunde verloren bzw. sich allmählich auseinandergelebt? Wenn es keine alten Freundschaften gibt, die sich wieder auffrischen lassen, sollten Sie einen Neuanfang wagen. Hier sind ein paar Vorschläge, die Ihnen helfen können, neue Menschen kennenzulernen.

▶ Es ist wichtig, die Ziele nicht zu hoch zu stecken. Sie werden innerhalb weniger Wochen keine tiefen Freundschaften schließen können. Dennoch können Sie regelmäßig soziale Kontakte mit Menschen pflegen, die Sie nett finden. Das ist in jedem Fall besser, als zu Hause zu »versauern«.
▶ Seien Sie nicht zu wählerisch. Gehen Sie auch mit Leuten aus, von denen Sie nicht glauben, daß sie Ihre besten Freunde werden. Zum einen kann Ihr erster Eindruck sich als falsch erweisen, und zum anderen stellen diese Leute Sie wiederum ihren Freunden vor.
▶ Planen Sie Rückschläge und Zurückweisungen mit ein. Sie werden vielleicht eine Reihe von Leuten fragen müssen, etwas mit Ihnen zu unternehmen, bevor jemand zusagt. Das ist sehr entmutigend, und Sie denken vielleicht: »Keiner mag mich«. Vergessen Sie nicht, daß es viele mögliche Gründe für Absagen gibt. Die meisten dieser Gründe haben nichts mit Ihrer Person zu tun. Denken Sie an all die Male, als Sie jemandem absagen mußten, weil Sie zu viel zu tun hatten, müde waren, mit jemand anderem ausgingen, den Hund zum Tierarzt bringen mußten oder am nächsten Tag eine Prüfung hatten. Die meisten Leute freuen sich, wenn man sich mit ihnen verabreden möchte, auch wenn sie keine Zeit haben.

▶ Wenn Sie zu Abendkursen gehen, machen Sie sich von vornherein klar, daß es bei manchen Kursen wenig Kontakte außerhalb der Unterrichtszeit geben wird. Bei bestimmten Kursen ist es viel wahrscheinlicher, andere kennenzulernen. Es ist z.B. wesentlich leichter, sich während eines Töpferkurses zu unterhalten als beim Mathematikunterricht.

Hier sind Vorschläge für Gelegenheiten, bei denen man Leute kennenlernen kann. Fügen Sie Ihre eigenen Ideen hinzu.

– Kurse, Wochenendseminare
– Sportvereine
– Umweltorganisationen, Interessengruppen (Amnesty International, Greenpeace...)
– Kirchenveranstaltungen
– Arbeitskollegen oder Nachbarn nach Hause einladen; mit ihnen Kaffee trinken gehen.

Sexuelle Beziehungen

Sexuelle Beziehungen sind bei vielen Menschen ein wunder Punkt. Vielleicht haben Sie beobachtet, daß Ihre Eltern sehr unglückliche und mißglückte Beziehungen hatten. Möglicherweise wurden Sie in Ihrer Kindheit sexuell mißbraucht oder hatten als Erwachsene erschreckende, unangenehme sexuelle Erlebnisse. Vielleicht hat Sie das mißtrauisch und vorsichtig gegenüber sexuellen Beziehungen gemacht. Oder es hat Ihnen das Gefühl gegeben, kein liebenswerter Mensch zu sein, weshalb Sie sich weiterhin in sexuelle Beziehungen stürzen, die unbefriedigend bzw. destruktiv sind und die Ihr Selbstwertgefühl weiter untergraben. Wie auch immer Ihr Verhaltensmuster aussieht: Sie brauchen Zeit, um darüber nachzudenken und es zu verändern.

Haben Sie Angst vor Sex?

Macht Ihnen der Gedanke an eine körperliche Beziehung große Angst? Dies ist möglicherweise nur ein Teil einer allgemeinen Angst, einem anderen Menschen zu nahe zu kommen. Vielleicht lehnen Sie Ihren Körper so sehr ab, daß Sie den Gedanken nicht ertragen können, daß Sie jemand anfaßt. Vielleicht sind Sie auch in einer Familie aufgewachsen, in der Sex als Tabu galt?

Katharina ist eine 25jährige Lehrerin, die mit 15 Jahren eine Eßstörung entwickelte. Sie hatte nie einen Freund gehabt, worüber sie sehr traurig war. »Ich konnte einfach nicht mit dem Gedanken fertigwerden, daß mir irgend jemand nahe kommen könnte. Gleichzeitig fühlte ich mich schrecklich einsam.« Alle ihre männlichen Freunde waren schwul. Sie teilte sich ein Haus mit einem von ihnen. Er war ihr engster Freund, der ihr sehr bei der Überwindung ihrer Eßstörung half. Sie verbrachte praktisch ihre ganze Freizeit mit ihm. Als ihre Eßstörung sich besserte, begann sie zu erkennen, daß ihre Freundschaft zwar sicher und befriedigend war, aber auch begrenzt, und daß sie sie davon abhielt, andere Menschen kennenzulernen. Sie hatte Angst davor auszuziehen, erkannte aber schließlich, daß dies ihre einzige Möglichkeit war, wenn sie die Situation verändern wollte.

Wenn Sie Angst vor sexuellen Kontakten haben:

▶ Fragen Sie sich, ob Sie sich wie Katharina verstecken und somit alle Möglichkeiten zum Kennenlernen anderer vermeiden? Wenn Sie Ihre Angst überwinden wollen, müssen Sie vielleicht Ihren Lebensstil ändern.
▶ Wenn Ihre Angst vor Sex die Angst vor dem Unbekannten ist, dann sollten Sie Schritte unternehmen, um sich zu informieren. Literaturhinweise finden Sie im Anhang des Buches.
▶ Wenn Sie einen Partner haben, überlegen Sie sich einmal sehr genau, ob Sie ihm nicht erzählen können, wie Sie über Sex denken.

Der falsche Partner

Geraten Sie wiederholt in Beziehungen mit einem falschen Partner, mit jemandem, der Sie anfänglich anzieht und erregt, mit dem aber alles schiefgeht, immer wieder auf dieselbe Art und Weise? Anstatt sich von einem Frosch in einen Prinzen zu verwandeln, bleiben Ihre Partner Frösche, egal, wie oft Sie sie küssen. Es kann sein, daß Sie nach jemandem suchen, der Eigenschaften besitzt, die Sie gern hätten, dem es aber gleichzeitig an bestimmten Werten und Eigenschaften mangelt, die Ihnen sehr wichtig sind; auch dann ist die Beziehung zum Scheitern verurteilt.

Veronika ist eine sehr imagebewußte junge Frau, die ihr gesamtes Geld für Designermode und Kosmetik ausgibt. »Männer sehen mich nur als eine sexy Blondine.« Alle ihre männlichen Freunde sind vom gutaussehenden, muskulösen Typ. »Jedesmal, wenn ich mit einem meiner Freunde in ein Lokal gehe, drehen sich die Leute bewundernd nach uns um. Mir gefällt das, und ich finde, daß es die ganze Vorbereitung wert war.«
Alle ihre Freunde waren sehr eifersüchtig auf andere Männer, und während Veronika dies zu Anfang einer Beziehung genoß, fand sie es später ärgerlich und einengend. Einer ihrer Freunde schlug sie sogar aus Eifersucht, ein anderer machte in einem Lokal einen Aufstand, weshalb sie Hausverbot bekamen. »Ich habe mich schon oft gefragt, warum mich immer derselbe Männertyp anzieht. Ich weiß immer noch nicht warum. Ich fühle mich einfach nicht zu jemandem hingezogen, der nicht so toll aussieht, egal, wie nett er ist.«

Wenn Sie sich wiederholt mit dem falschen Männertyp einlassen, stellen Sie sich die folgenden Fragen:

- Was ist es, das Sie an diesem Typ Mann anzieht?
- Was sagt diese Wahl über Ihre eigene Person aus?
- Fühlen Sie sich zu Menschen hingezogen, die Eigenschaften haben, die Ihnen fehlen?

Ihr Verhaltensmuster zu verändern mag schwierig sein. Unterstützung können Sie in einer Therapie finden. Vergessen Sie nicht, daß der erste Schritt zur Veränderung darin besteht, zu erkennen und zu akzeptieren, daß es überhaupt ein Problem gibt.

Promiskuität

Durch eine Phase kurzlebiger sexueller Beziehungen zu gehen, sozusagen zum Ausprobieren, ist für junge Leute nichts Ungewöhnliches. Es kann jedoch zum Problem werden, wenn Sie ständig Ihre Sexualpartner wechseln, ohne je eine echte Beziehung eingehen zu können.

Doris ist eine 26jährige Krankenschwester. Sie hatte noch nie einen festen Freund. Seit ihrer Teenagerzeit hat sie viele kurze Beziehungen gehabt, von denen keine länger als ein paar Wochen andauerte. Viele Affären waren auf eine Nacht beschränkt. »Es fällt mir sehr leicht, Beziehungen anzufangen, und am Anfang bin ich sehr an der jeweiligen Person interessiert. Aber das scheint sich ziemlich schnell zu ändern, und ich langweile mich sehr, und dann muß ich ihn schnell »loswerden«. Ein paarmal habe ich auch Eine-Nacht-Geschichten gehabt, wenn ich zuviel getrunken hatte, das war manchmal ziemlich unangenehm.«

Yvonne ist 30. Ihr Vater, den sie nie kennengelernt hat, kam aus den USA, ihre Mutter war Alkoholikerin. Yvonne wuchs in einem Kinderheim auf, in dem sie viel herumgestoßen wurde. Mit 12 wurde sie von einigen älteren Jungen vergewaltigt. Sie hatte zu viel Angst, um jemandem davon zu erzählen. Mit 17 wurde sie Prostituierte. Sie ist jetzt arbeitslos und lebt allein mit ihren beiden Kindern. Sie hat nie irgendeine Form von Empfängnisverhütung betrieben. Sie war insgesamt zwölfmal schwanger. Sie hatte fünf Fehlgeburten und fünf Abtreibungen.

Wenn Sie häufig den Partner wechseln, fragen Sie sich, warum Sie das tun:

- Macht es Ihnen Spaß? Hat das den Hauch des Verbotenen oder Gefährlichen an sich? Wenn das der Fall ist, welche anderen aufregenden Dinge gibt es noch in Ihrem Leben?
- Manchmal ist Promiskuität das Ergebnis eines besonders niedrigen Selbstwertgefühls. Stürzen Sie sich in Beziehungen, weil Sie das Gefühl haben, Sie hätten nichts Besseres verdient, oder damit Sie sich bestätigt fühlen? Auf lange Sicht gesehen, werden Sie sich noch schlechter fühlen.
- Sind Sie gewöhnlich betrunken, wenn Sie sich auf Sexualität einlassen? Warum lassen Sie sich darauf ein?
- Benutzen Sie Sex als Mittel, um anderen zu gefallen? Ist es das einzige Mittel, das Sie kennen, um Akzeptanz und Liebe zu gewinnen?

Was auch immer Ihre Gründe für Promiskuität sein mögen:
Achten Sie darauf, daß Sie sich vor Schwangerschaft und sexuell übertragbaren Krankheiten wie z.B. Aids schützen.

Kinder

Viele Frauen mit Eßstörungen sind sehr gute Mütter. Allerdings verlangt der Streß, mit einer Eßstörung fertigzuwerden und gleichzeitig ein Kind großzuziehen, manchmal seinen Tribut. Manche Mütter mit Bulimie empfinden es als sehr schwierig, ihre Kinder zu füttern, weil sie zwischen den extremen Polen von totaler und nicht vorhandener Kontrolle gefangen sind.

Wiltrud ist eine alleinerziehende Mutter mit einer 7jährigen Tochter. Sie litt schon vor deren Geburt an Bulimie. »Ich kann bis heute nicht mit ihr essen, worüber ich unendlich traurig bin. Sie hat ja nur mich, und wir sollten wirklich zusammen essen. Aber es fällt mir einfach zu schwer. Ich gebe ihr das Es-

sen und beschäftige mich dann mit etwas anderem. Wenn sie fertig ist, schmeiße ich die Reste ganz schnell weg. Früher hatte sie mein Verhalten unhinterfragt akzeptiert, aber jetzt, da sie älter ist, fragt sie mich, warum ich mich beim Essen nicht zu ihr setze. Nachdem sie neulich eine Freundin besucht hatte, erzählte sie mir, wie schön es gewesen sei, als die ganze Familie beim Essen zusammen saß. Ein anderes Problem ist unsere finanziell angespannte Lage; ich muß ihr oft sagen, daß sie dies oder jenes nicht bekommen kann, weil wir kein Geld haben. Ich fühle mich schrecklich, wenn ich ihr etwas abschlagen muß, nur weil ich soviel Geld für meine Eßattacken verschwende.«

Anderen wiederum fällt es schwer, das rechte Maß an Regelmäßigkeit und Grenzsetzung zu finden, das jedes Kind braucht.

Evelyn hat einen 9jährigen Sohn und eine 5jährige Tochter. Bei der Erziehung ihrer Kinder bekommt sie von ihrem Mann nur wenig Unterstützung, da er durch seinen Beruf als Fernfahrer oft für längere Zeit nicht zu Hause ist. »Beide Kinder sind relativ schwierig, besonders der 9jährige Oliver ist schon ein ganz schöner Brocken. Wenn ich in einer meiner Freßphasen bin, habe ich weder die Zeit noch die Energie, mehr als das absolut Notwendige für die beiden zu tun. Ich lasse die Kinder stundenlang vor dem Fernseher sitzen, während ich mich in der Küche vollstopfe. Während solcher Zeiten habe ich auch nicht die Kraft, ihnen Grenzen zu setzen, und sie beide machen dann eher mehr Schwierigkeiten. Zu anderen Zeiten, wenn ich eine Woche nicht solche Freßattacken habe, versuche ich, alles wieder gut zu machen, und lese mit ihnen, gehe mit ihnen in den Park oder lade einige ihrer Freunde zum Spielen ein. Dann lasse ich es ihnen auch durchgehen, wenn sie ungezogen sind. Aber irgendwie habe ich die Befürchtung, daß ihnen mein inkonsequentes Verhalten schaden wird. Tatsächlich hat uns Olivers Schule schon mitgeteilt, daß er sich ziemlich schlecht benehme und wir zu einem Kinderpsychologen gehen müßten.«

Wenn Sie Kinder haben und sich über die Auswirkungen Ihrer Eßstörung auf sie Sorgen machen, stellen Sie sich die folgenden Fragen:

- Machen Sie sich zu Recht Sorgen?
- Auf welche Anzeichen und Tatsachen stützen Sie sich?
- Geben Sie sich damit zufrieden, als Mutter einfach »gut genug« zu sein, oder wollen Sie die perfekte Mutter sein? Kann es sein, daß die in Kapitel 10 beschriebenen Denkfallen im Bereich Mutterschaft auf Sie zutreffen?

Wenn Sie zu dem Schluß kommen, daß Sie eigentlich gut zurechtkommen und daß andere denken, Ihre Kinder seien entzückend und gediehen gut, dann brauchen Sie nicht weiterzulesen. Falls Sie sich weiterhin Sorgen machen, versuchen Sie, genauer zu bestimmen, was Sie beunruhigt. Die Ernährung ihrer Kinder, ihr Verhalten, ihre seelische Entwicklung?

▶ Wenden Sie das Problemlöseverfahren aus Kapitel 2 an, um das Problem zu definieren und über Lösungsmöglichkeiten nachzudenken.

Falls Sie sich über die Ernährung Ihrer Kinder Sorgen machen, sollten Sie folgendes wissen:

▶ Versuchen Sie nicht, die Ernährung Ihrer Kinder mengenmäßig zu beschränken. Kinder wissen selbst erstaunlich gut, wieviel sie brauchen.

▶ Verbieten Sie Süßigkeiten nicht pauschal, nur weil Sie sie vor einer Eßstörung bewahren wollen. Je mehr etwas den Hauch des Verbotenen bekommt, desto interessanter wird es.

▶ Versuchen Sie, Ihre Kinder dazu zu bringen, daß sie täglich Obst und Gemüse essen, aber geraten Sie nicht gleich in Panik, wenn Ihr Kind nicht Ihre Vorliebe für gesunde Ernährung teilt.

14.
Arbeiten, um zu leben – oder leben, um zu arbeiten?

Tagsüber eine geregelte Beschäftigung zu haben, sei es Erwerbstätigkeit, Hausarbeit, Studium oder eine ehrenamtliche Tätigkeit, ist ein wesentlicher Teil unseres Lebens. Wenn es der richtige Job ist, kann Arbeit eine gute Quelle für das Selbstwertgefühl sein und Freude, Herausforderung und Anregung bieten. Nur wenige Menschen haben jederzeit eine uneingeschränkt positive Einstellung ihrer Arbeit gegenüber, aber sie schätzen doch die Tatsache, daß ihre Arbeit ihnen Unabhängigkeit, ein Lebensziel und tägliche Routine vermittelt. Viele Eßgestörte haben Schwierigkeiten mit dem Beruf. Diese Probleme haben oftmals ganz verschiedene Ursachen. Sie können einfach das Ergebnis schwieriger Arbeitsbedingungen sein, wie z.B. ein unangenehmer Chef, lange Arbeitszeiten, Schichtdienst, niedriger Lohn oder sexuelle Belästigung (Manchmal geraten bulimische Menschen an schlechte Stellen und bleiben da »hängen«, weil sie ein nachteiliges Selbstbild oder Angst vor einem Wechsel haben.) Arbeitsprobleme können aber auch daher rühren, daß die Person und die Arbeitsstelle einfach nicht zueinander passen.

Weitverbreitete Probleme mit der Arbeit
Arbeitslosigkeit

Obwohl es viele Ursachen für Arbeitslosigkeit gibt, verlieren manche Menschen ihren Job auch aufgrund von Eßstörungen.

Die 19jährige Helena wollte ihr Leben lang Krankenschwester werden. Als sie eine Lehrstelle an einem großen Lehrkrankenhaus bekam, war sie überglücklich. Nach wenigen Wochen hörte Helena jedoch bereits auf, weil »es ganz anders war, als ich es mir vorgestellt hatte«. Ihre Eltern standen Helenas Entscheidung sehr kritisch gegenüber und meinten, sie solle nicht so schnell aufgeben. Um Geld zu verdienen, begann sie, in einem Restaurant zu arbeiten. »Dort mußte ich auch aufgeben, weil ich einfach mit den ganzen Speisen um mich herum nicht klarkam. Dem Besitzer fiel schon auf, daß Kleinigkeiten fehlten.« Danach arbeitete Helena als Verkäuferin in einer Modeboutique. »Alle waren extrem schlank und figurbewußt. Ich fand es sehr schwer, besonders, wenn ich am Abend davor einen Freßanfall hatte; ich konnte es einfach nicht ertragen, mit dem Gefühl zur Arbeit zu gehen, dick und scheußlich zu sein. Letzten Endes verlor ich die Stelle.« Helena verbrachte zwei Monate zu Hause, ihre Eßstörung verschlimmerte sich, und ihre Mutter kritisierte sie ständig. Sie ging zwar regelmäßig zum Arbeitsamt, jedoch nie mehr zu Einstellungsgesprächen. »Ich hatte mein Selbstvertrauen völlig verloren.«

Wenn Sie arbeitslos sind und Angst vor einem Neuanfang haben, bedenken Sie folgendes:

- Arbeitslosigkeit verschlimmert wahrscheinlich Ihre Eßstörung aufgrund der Langeweile und der mangelnden Strukturierung Ihres Alltags.
- Vielleicht ist Ihre Eßstörung so schwerwiegend, daß Sie sich nicht in der Lage fühlen, eine Vollzeitstelle anzunehmen. In diesem Fall sollten Sie eine halbe Stelle oder eine ehrenamtliche Tätigkeit erwägen, um einen Anfang zu machen und Ihr Selbstvertrauen zu steigern.
- Warten Sie auf den »Traumjob«? Obwohl es wichtig ist, eine geeignete Arbeit zu suchen, sollten Sie versuchen, ehrlich zu sich selbst zu sein, und sich fragen, ob es die »richtige« Stelle wirklich gibt. Möglicherweise versuchen Sie lediglich, einen Anfang zu vermeiden.

– Wenn Sie Angst vor Einstellungsgesprächen haben, suchen Sie jemanden, der Ihnen bei diesem Problem helfen könnte. Es ist sehr nützlich, eine solche Situation im Rollenspiel zu üben. Wenn es niemanden gibt, zu dem Sie genug Vertrauen haben, machen Sie eine Liste von Dingen, die in einem Einstellungsgespräch gefragt werden könnten. Formulieren Sie insbesondere die Gründe Ihrer Arbeitslosigkeit. Bereiten Sie eine Antwort auf jede Frage vor, und tragen Sie diese laut vor. Wiederholen Sie diese Übung, damit Sie flüssig und überzeugend antworten können. Je besser Sie vorbereitet sind, desto größer sind die Erfolgschancen.

Ich habe nicht die richtige Stelle

Viel Leid entsteht, wenn Sie sich immerzu zwingen, Sachen zu tun, die Ihnen nicht liegen. Viele Eßgestörte haben viel zu hohe Erwartungen an ihre Arbeitsleistung. Das kann auf die hohen Erwartungen der Eltern zurückzuführen sein. Vielleicht versuchen Sie immer noch, Ihre Eltern zufriedenzustellen. Oder Sie versuchen, mit erfolgreichen Geschwistern zu konkurrieren – ein Verhaltensmuster aus der Kindheit.

Veronika stammt aus einer Familie mit sehr hohen intellektuellen Erwartungen. Ihr Vater ist Universitätsprofessor. Er und die beiden älteren Brüder von Veronika hatten vorzügliche Examina gemacht, und es wurde von Veronika erwartet, es ihnen gleichzutun. »Es war in meiner Familie undenkbar, nicht zu studieren.« Veronika hatte sich in der Schule nie sonderlich für Fächer mit intellektuellem Anspruch interessiert und war sehr unsicher, was sie werden wollte. »Der Gedanke an Universität und Studium versetzte mich in Schrecken. Ich wollte direkt anfangen, zu arbeiten und Geld zu verdienen. Ich wußte, ich eigne mich nicht für einen akademischen Höhenflug wie meine Brüder. Meine ganze Familie sagte mir: ›Du wirst es bereuen, wenn Du Deine Ausbildung vernachlässigst.‹« Mit viel Druck seitens ihrer Eltern begann Veronika, Jura zu studieren. »Es war unglaublich, wie stolz meine Eltern auf mich waren. Oberflächlich war ich zufrieden, weil alle mir sagten, ich mache es richtig. Unter der Oberfläche aber war ich in Panik – ich wußte, ich bin nicht zur Juristin geschaffen. Ich fand es äußerst langweilig.« An der Universität verstärkte sich Veronikas Eßstörung, die noch während ihrer Schulzeit begonnen hatte, als sie sich auf das Abitur vorbereitete. Schließlich gab Veronika das Studium auf. Sie nahm eine Stelle als Einkaufslehrling in einem großen Warenhaus an. Sie hatte Spaß an dieser Arbeit und war sehr erfolgreich. *»Ich bin immer noch sehr ärgerlich über meine Eltern, weil sie mich derart unter Druck gesetzt hatten. Ich weiß, sie haben es nur gut mit mir gemeint, aber es war absolut falsch.«*

Aber auch, wenn Sie sich zurückhalten und die Ziele zu niedrig ansetzen, fühlen Sie sich unausgefüllt und gelangweilt.

Karin war jahrelang als Datenverarbeiterin in einer Bank angestellt. Sie arbeitete ebenso gut wie zuverlässig und bekam von ihrem Vorgesetzten jedes Jahr gute Beurteilungen. Viele, die nach Karin angefangen hatten, beantragten und bekamen eine Beförderung, aber sie hatte Angst, darum zu bitten, weil sie fürchtete, in dem Gespräch alles zu verderben. Sie war sich nicht sicher, ob sie aufgrund ihrer Bulimie zusätzliche Verantwortung übernehmen könne. Andererseits nahm sie es übel, daß viele jüngere Kollegen sie überholten, ohne auch nur halb so viel Erfahrung zu besitzen. »Wenn ich es rational betrachtete, wußte ich, daß ich besser arbeiten konnte als die anderen. Je länger diese Situation andauerte, desto mehr ärgerte ich mich darüber.«

▶ Schreiben Sie auf, wie Karin ihre Beförderung selbst planen sollte. Holen Sie sich Hilfe aus Kapitel 2.

Barbara ist eine intelligente junge Frau, die Englisch studiert hat. Sie war als Kind die Lieblingstochter ihres Vaters, der immer betonte, wie wichtig eine gute Karriere für sie wäre. Barbara fürch-

tete, der Vater sei ziemlich enttäuscht, daß sie Englisch statt Jura – wie er – studiert habe. Nach dem Studium hatte Barbara mehrere Stellen bei Verlagen, die sie wegen ihrer Eßstörung nicht fortführen konnte. Danach jobbte sie hin und wieder als Aushilfssekretärin. Sie war sehr unglücklich, da sie die Arbeit langweilig fand. Barbara hatte eine verschwommene Vorstellung, daß sie gern beim Rundfunk oder Fernsehen arbeiten wollte, hatte aber zu viel Angst, dies zu verwirklichen. »Ich dachte, wenn ich es versuche und scheitere, bin ich schlimmerer dran denn je. Ich wußte auch, daß meine ganze Familie sehr skeptisch sein würde, wenn ich etwas Neues ausprobierte, und fürchtete, daß ich damit nicht fertig würde. Ich schaute mir oft Stellenanzeigen an und erwog, mich zu bewerben, hatte dann aber zu viel Angst. Ich fühlte mich in meiner Unentschiedenheit gefangen.« Barbara begann wegen ihrer Eßstörung eine Therapie. Sie erkannte, daß sie leicht noch mehr Zeit als Aushilfe vergeuden könnte. In Anbetracht ihres beruflichen Werdeganges wäre es unwahrscheinlich, daß ihr die Traumstelle bei den Medien angeboten würde. Sie beschloß, sich um eine feste Stelle als Sekretärin bei einer Fernsehgesellschaft zu bewerben, da ihr dies die Möglichkeit böte, sich einen Arbeitsbereich, der sie interessierte, genauer anzuschauen und sich eine Meinung zu bilden, ob sie in diesen Berufszweig wirklich tiefer einsteigen wolle.

▶ Stellen Sie sich vor, Sie wären Barbara, und benutzen Sie die Techniken der Problemlösung (Kapitel 2), um eine Entscheidung zu fällen.

Ist Ihre Arbeit die richtige für Sie?

Wenn Sie mit Ihrem Job unglücklich sind, lesen Sie die nachfolgende Liste durch, und schreiben Sie alle Vorteile und Nachteile Ihrer Arbeit auf, genau wie Sie Ihre Bulimiebilanz in Kapitel 1 erstellt haben. Es lohnt sich zu fragen, wo Sie in fünf Jahren sein wollen.

Betrachten wir Susannes Fall. Sie begann nach ihrem Abitur eine Banklehre. Während dieser Zeit entwickelte sich ihre Eßstörung, und Susanne wurde immer unglücklicher. Hier ist ihre Bilanz, in der sie die Vor- und Nachteile abwägt, im Bankgewerbe zu bleiben:

1. Vor- und Nachteile für mich selbst

a. Vorteile:

- Das Einkommen ist gut, ich kann eine günstige Hypothek bekommen.
- Wenn ich bleibe, besteht die Möglichkeit einer Beförderung.
- Wenn ich Kinder bekomme, habe ich die Möglichkeit, an meine Stelle zurückzukehren und in Teilzeit zu arbeiten.

b. Nachteile:

- Die Arbeit ist leicht, aber monoton und unterfordert mich.
- Ich habe nicht die Freiheit oder die Möglichkeit, die Initiative zu ergreifen. In der Schule ging es mir besser als hier.
- Durch den zunehmenden Einsatz von Computern und weltweite finanzielle Veränderungen sind meine Möglichkeiten vielleicht begrenzt. Ein anderer Lehrling wurde während der Probezeit entlassen.
- Als Pendlerin verbringe ich an jedem Arbeitstag drei Stunden in überfüllten öffentlichen Verkehrsmitteln. Ich mußte aus der Laienspielgruppe austreten und habe keine Zeit für Treffen in meiner Kirchengemeinde.
- Ich mag die Vorstellung nicht, daß Teile unserer Gewinne aus Darlehen an arme Länder mit fragwürdigen politischen Führern stammen.
- Ich ärgere mich, daß all meine Arbeit so materialistisch ist, alles auf Profit angelegt ist.
- Ich kann mein Können im Umgang mit Menschen gar nicht nutzen.
- Ich kann keinerlei Phantasie oder Intuition einsetzen.

2. Vor- und Nachteile für andere

a. Vorteile:

– Meine Eltern sind dankbar, daß ich zur Miete beitragen kann.
– Meine Eltern sind stolz darauf, daß ich in einer Bankzentrale arbeite.

b. Nachteile:

– Ich habe keine Zeit mehr, im Garten zu helfen oder mich um unsere Haustiere zu kümmern.
– Meine Freunde aus der Laienspielgruppe finden meine Stelle in der Bank langweilig.
– Ich hasse es, daß wir Zielscheibe von so viel öffentlichem Unmut sind. Man ist ständig mit Kunden konfrontiert, die wütend sind, weil der Geldautomat nicht richtig funktioniert, die Kontoauszüge ungenau sind oder sie zu lange Schlange stehen mußten.

▶ **Wenn Sie mehr Belastungen, Schwierigkeiten und Nachteile als positive Aspekte an Ihrem Job finden, ist es vielleicht Zeit für einen Wechsel.** Machen Sie ein Brainstorming; sammeln Sie alle spontanen Einfälle, um sich Klarheit zu verschaffen. Gehen Sie die Problemlösungsschritte aus Kapitel 2 durch, um eine zufriedenstellende Entscheidung zu treffen.

Schritt 1: Definieren Sie das Problem mit Ihrer derzeitigen Stelle so klar und konkret wie möglich.

Schritt 2: Schreiben Sie so viele alternative Beschäftigungen wie möglich auf, die Sie nur annähernd reizen. Dieses Brainstorming verlangt, daß Sie ohne Zensur Einfälle haben (ignorieren Sie die Stimme, die sagt, Ihr Vater würde es nicht billigen oder Sie würden scheitern). Phantasievolle, verrückte oder sogar lächerliche Lösungen sollten dabei sein. Quantität ist wichtiger als Qualität. Später müssen Sie möglicherweise einige der anfänglichen Ideen kombinieren und bearbeiten.

Schritt 3: Schreiben Sie die Vor- und Nachteile aller Alternativen auf. Bei manchen Möglichkeiten müssen Sie sich eventuell erst darüber informieren, was eine solche Arbeit tatsächlich beinhaltet.

Schritt 4: Numerieren Sie die verfügbaren Wahlmöglichkeiten Ihrer Priorität entsprechend durch.

Jetzt müßte Ihnen viel klarer sein, was Sie wollen und was für Sie realistisch ist.

Arbeitssüchtige (Workaholics)

Manche Menschen verbringen praktisch ihre gesamte Wachzeit mit Arbeit. Aber nur wenige von ihnen genießen dies wirklich. Wenn Sie einer dieser wenigen sind, brauchen Sie nicht weiterzulesen. Die meisten »Workaholics« überarbeiten sich jedoch aufgrund von Perfektionismus, oder weil sie das Gefühl haben, gegen persönliche Mißerfolge ankämpfen zu müssen (»Wenn ich nicht mein Bestes gebe, dann brauche ich es gar nicht zu versuchen; die Leute werden sonst denken, ich tauge nichts«). Lesen Sie Kapitel 10 noch einmal durch, und überlegen Sie, woher Ihr Streben nach Erfolg und Perfektion kommt. Übermäßige Arbeit kann sich in der Verschlimmerung einer bestehenden Eßstörung bemerkbar machen.

Sylvia ist Buchhalterlehrling in einer Firma, in der erwartet wird, daß alle Angestellten 10 bis 12 Stunden täglich arbeiten. Oft muß sie am Wochenende arbeiten, um Termine einzuhalten. Sylvia bereitete sich außerdem auf ihre Prüfungen vor. Sie machte nie Pausen bei der Arbeit. Wenn sie abends endlich nach Hause kam, trank sie etliche Glas Whisky zur Entspannung; danach bekam sie einen Freßanfall. Oft spürte sie, daß es nicht mehr lange so weitergehen könne. Sylvia fand es extrem schwierig, zur Therapie zu gehen, weil die Termine nicht in ihren mörderischen Arbeitsplan paßten. Sie brauchte eine lange

Zeit, um zu erkennen, daß sie einen Teil des Drucks bei der Arbeit selbst erzeugte. Es stellte sich heraus, daß sie schwerer arbeitete als alle Kollegen. Weil sie nie Pausen einlegte, war sie oft übermüdet und arbeitete daher ineffektiv und langsam. Sylvia wurde aufgefordert, sich im Laufe des Tages drei Pausen zu gönnen und dabei jedesmal etwas zu essen. »Es fiel mir sehr schwer. Ich mußte mir immer wieder sagen, daß ich sonst nicht gesund würde. Ich war immer versucht, eine Pause ausfallen zu lassen.« Als Sylvia sich an ihre Pausenroutine gewöhnt hatte, konnte sie viel effektiver arbeiten und fing sogar an, ihre Arbeit wieder zu genießen. Die abendlichen Freßanfälle ließen allmählich nach.

Manchmal ist übermäßige Arbeit das Ergebnis eines übersteigerten Pflicht- oder Verantwortungsgefühls.

Eleni ist die älteste Tochter einer griechisch-zypriotischen Familie. Ihre Eltern hatten Jahre lang extrem hart gearbeitet, um ein kleines Restaurant aufzubauen. »Sie sagten immer, sie hätten es gemacht, damit meine Schwestern und ich es eines Tages besser haben würden als sie selbst.« Eleni arbeitet als Krankenschwester und lebt zu Hause. Sie fühlt sich ihren Eltern gegenüber zur Dankbarkeit verpflichtet und arbeitet in ihrer gesamten Freizeit und am Wochenende als Kellnerin im Restaurant ihrer Eltern. Hat sie einmal einen Abend für sich, ist sie viel zu erschöpft, um auszugehen. Sie bleibt statt dessen zu Hause und bekommt einen Freßanfall. Ihre jüngeren Schwestern helfen viel seltener aus: Die Mittlere ist Studentin und behauptet, viel zu beschäftigt zu sein, die Jüngste ist zu Hause ausgezogen und lebt mit ihrem Freund zusammen. »Meine Schwestern sind wirklich ziemlich egoistisch. Meine Eltern beschweren sich bei mir über sie, aber letzten Endes lassen sie es durchgehen, und alles Helfen fällt auf mich zurück.« Eleni hatte das Gefühl, nicht ihre eigenen Wege gehen zu können, weil das Verrat an den Eltern wäre.

▶ Wenn Sie sich ständig überarbeitet fühlen, sollten Sie Ihre

Pflichten und Wünsche in ein Gleichgewicht bringen. Lesen Sie in Kapitel 8 den Abschnitt über das Gleichgewicht von »Sollte«- und »Möchte«-Aktivitäten nochmals durch.

15.
Das Ende der Reise?

Wie geht es Ihnen, nachdem Sie dieses Buch gelesen und mit ihm gearbeitet haben? Hat es Ihnen geholfen? Sind Sie einen Schritt weiter auf Ihrer Reise zur Genesung? Wunderbar! Freuen Sie sich über den Erfolg nach den harten Anstrengungen. Aber seien Sie vorbereitet auf weitere Hindernisse auf dem Weg. Die Eßstörung zu überwinden heißt nicht, frei von *allen* Problemen zu sein – aber es bedeutet, besser mit Schwierigkeiten umgehen zu können, sich stärker zu fühlen und den Mut zu haben, neue Wege auszuprobieren und Unannehmlichkeiten aus einer neuen Perspektive zu betrachten. Es bedeutet, nicht mehr gefangen zu sein in den rigiden Regeln des Diäthaltens, im Chaos der Eßanfälle und der ständigen Anstrengung, anderen zu gefallen.

Und was ist, wenn Sie immer noch bulimisch sind? Wenn Sie denken, daß sich nichts geändert hat und sich auch weiterhin nichts ändern wird – dann sollten Sie sich fragen, ob Sie sich wirklich auf dieses Buch eingelassen haben. Oder haben Sie es »verschlungen« und schließlich befunden, das Buch sei nutzlos? Vielleicht sollten Sie es noch einmal langsam, Kapitel für Kapitel, durchgehen. Das mag ermüdend, irritierend und zu schwierig erscheinen, doch bedenken Sie, daß die erfolgreichsten Menschen diejenigen sind, die nicht aufgeben, wenn sie auf Schwierigkeiten stoßen. Versuchen Sie es noch einmal.

Geben Sie sich nicht auf!

Sie mögen sagen: »Ich kann mich nicht mit den Geschichten der Frauen im Buch identifizieren. Ich habe andere Probleme. Ich kann nichts machen, um sie zu ändern. Nur jemand ganz Besonderes kann sie lösen.« Möglicherweise haben Sie Recht, und Sie sollten die Hilfe eines Spezialisten einholen. Aber eventuell – und nur Sie können das wissen – ist dies ein Versuch, den Härten der Veränderung auszuweichen.

Vielleicht ist Ihr Leben angefüllt mit anstrengenden und schwierigen Aufgaben. In dieser Situation ist es schwer, mit allen Bällen auf einmal zu jonglieren.

▶ Gehen Sie zurück zu den Problemlösungsstrategien in Kapitel 2 und überlegen Sie erneut: Was nimmt in Ihrem Leben so viel Zeit und Energie in Anspruch, daß Sie sich nicht auf Ihre Bedürfnisse konzentrieren können? Ist es Ihre Ehe oder Ihre Beziehung? Ihre Arbeit? Das Studium? Die Kinder? Bedenken Sie: Wenn Sie ein Haus bauen wollen, müssen Sie zunächst ein Fundament schaffen, der Baugrund muß vorbereitet, die Materialien müssen besorgt werden usw. Ohne diese Vorbereitungen ist Ihr Vorhaben sinnlos.

Die 50jährige Petra ist eine verheiratete Vollzeit-Lehrerin mit zwei Kindern im Teenageralter. Zusätzlich pflegt sie ihren bettlägerigen Vater, der bei ihr wohnt; nachts muß sie mehrfach aufstehen, um nach ihm zu sehen. Früher kümmerte sie sich außerdem aufopferungsvoll um ihre Mutter, bis diese vor drei Jahren starb. Petras Kraft wird durch ihre Pflichten völlig aufgezehrt, aber, so sagt sie, ihr Mann und ihre Kinder seien ihr eine große Stütze. Dennoch hat Petra mehrmals am Tag Eßanfälle, ohne verstehen zu können, warum. Als wir ihr dieses Buch gaben, fand sie sich und ihre Probleme darin nicht wieder. Sie sagte, daß die beschriebenen Frauen wesentlich jünger seien als sie, und fühlte wenig Gemeinsamkeit mit ihnen. Petra war sehr wütend darüber, in einen Topf geworfen zu werden mit Menschen, die sich selbst zum Erbrechen bringen; das war nicht eines ihrer Probleme. In Gesprächen wurde ihr aber klar, daß ihr Mann und ihre Kinder viel Mitgefühl zeigen, tatsächlich aber nur selten im Haushalt mithelfen. Petra putzt ihre Schuhe und macht jedem Brote für die Schule und die Arbeit. Obwohl sie eine sehr intelligente und belesene Frau ist, hat Petra übersehen, daß die Eßanfälle der einzige Weg für sie sind, Druck und Streß abzubauen. Sie hat keinerlei Zeit für sich und wird ständig angetrieben von »Sollte«-Aktivitäten. Dieses Buch zu lesen und neue Wege zu finden erschien ihr als eine weitere Pflicht, dazu bestimmt, sie zu demütigen, statt ihr zu helfen.

Wenn Sie Petra ein wenig ähneln, überlegen Sie, wie Sie sich ein Fundament schaffen können, um Ihr Leben zu ändern und um sich selbst zu erlauben, Ihr Eßproblem anzugehen.

Genesung – eine Reise ins Ungewisse

Wenn Sie bereits sehr lange an einer Eßstörung leiden und diese ein tiefverwurzeltes Handlungsmuster ist, mag eine Änderung Ihres Verhaltens extrem angstauslösend sein – eine Reise ins Unbekannte. Fürchten Sie, daß ein Schritt auf diesem Weg eine Lawine von Veränderungen auslösen könnte, von der Sie überrollt werden könnten? Gibt es wirklich nichts, was Sie tun können? Vielleicht hilft es Ihnen, eine Selbsthilfegruppe aufzusuchen. Finden Sie heraus, was in Ihrem Wohnort angeboten wird. Oder reden Sie mit Ihrer Hausärztin bzw. Ihrem Hausarzt. Nehmen Sie dieses Buch mit. Erklären Sie ihr oder ihm, daß Sie alles versucht haben, sich selbst zu helfen, nun aber jemanden brauchen, der Sie bei Ihrer Reise zur Genesung unterstützt. Geben Sie sich nicht auf!

Danksagung

Unser Dank gebührt Jane Tiller, die uns freundlicherweise einige der Fallbeispiele zur Verfügung stellte. Becky Trowlers Kommentare zu dem Manuskript waren eine große Hilfe. Wir danken Janice May für ihre Unterstützung bei der Erstellung des Manuskripts. Nicht zuletzt möchten wir uns bei unseren Patientinnen und Patienten bedanken, ohne deren Kommentare und Ideen das Buch nicht zu dem geworden wäre, was es ist.

Adressen

Beratungsstellen

(für die folgende Liste wurden vorwiegend Beratungsstellen aus größeren Städten ausgewählt, da über diese auch die Adressen örtlicher Beratungsstellen und Therapeuten erfragt werden können).

BRD

Dick & Dünn e.V.
Beratung bei Eßstörungen
Innsbrucker Str. 25
10825 Berlin
Tel. 030/85 44 994

Bielefelder Zentrum
für Eßstörungen e.V.
Markstr. 35
33602 Bielefeld
Tel. 0521/65 929

Frauengesundheitszentrum
Elsflether Str. 29
28219 Bremen
Tel. 0421/380 9747

Frauenzentrum Erfurt
Espachstr. 3
99094 Erfurt
Tel. 0361/28068

Frauen Treff und Beratung
Zweigertstr. 29
45130 Essen
Tel. 0201/78 65 68

Frankfurter Zentrum
für Eßstörungen e.V.
Hansaallee 18
60322 Frankfurt a.M.
Tel. 069/55 01 76

Frauen- und Mädchen-
Gesundheitszentrum e.V.
Erbprinzstr. 14
79098 Freiburg
Tel. 0761/202 15 90

Frauenzentrum
Goslar e.V.
Zehntstr. 24
38640 Goslar
Tel. 05321/422 55

Die Waage e.V.
Schopstr. 1
Eingang Rombergstr.
20255 Hamburg
Tel. 040/49 14 941

Hamburger Zentrum
für Eßstörungstherapie
Uhlenhorster Weg 5a
20249 Hamburg
Tel. 040/ 220 34 30

Dick & Dünn e.V.
Brahmstr. 4
30177 Hannover
Tel. 0511/66 76 48

KABERA
Kasseler Beratungsstelle
bei Eßstörungen e.V.
Kurt-Schumacher Str. 2
34117 Kassel
Tel. 0561/78 0505

Frauentreff
Kurt-Schumacher-Platz 5
24109 Kiel
Tel. 0431/52 42 41

Frauen lernen leben
Venloerstr. 405-407
50825 Köln
Tel. 0221/54 19 76

Beratungsstelle Caktus
Otto-Schill-Str. 1
04109 Leipzig
Tel. 0341/960 33 54 47

Cinderella e.V.
Westendstr. 35
80336 München
Tel. 089/50 21 212

Frauenberatung
Friedensstraße e.V.
Friedensstr. 33
48145 Münster
Tel. 0251/37 57 99

Dick & Dünn
Hallerhüttenstr. 6
90461 Nürnberg
Tel. 0911/47 17 11

LAGAYA
Frauen-Suchtberatungsstelle
Hohenstaufenstr. 17 b
70178 Stuttgart
Tel. 0711/640 30 27

Therapiezentrum der
Gerhard-Alber-Stiftung
Christophstr. 8
70178 Stuttgart
Tel. 0711/640 80 91

Psychotherapeutische
Ambulanz
Am Hochsträß 8
89081 Ulm
Tel. 0731/502 56 91

Österreich

BAS – Suchtkrankenbetreuung
Grießplatz 8
A- 8020 Graz

Verein Netzwerk Eßstörungen
Fritz-Pregel-Str. 5
A-6020 Innsbruck
Tel. 0512/57 60 26

Frauengesundheitszentrum FEM
Bastiengasse 36-38
A-1180 Wien
Tel. 01/476 15-373

Schweiz

Schweizerische Vereinigung
für Ernährung
Effingerstr. 2
CH-3007 Bern
Tel. 031/3818581

Plus Fachstelle
Oberaargau/Emmental
Fachstelle für
Gesundheitsförderung
und Suchtprävention
Bahnhofstr. 2
CH- 4900 Langenthal
Tel. 063/22 16 05

Association Boulimie
et Anorexie
Avenue Eglantine 6
CH-1006 Lausanne
Tel. 021/32 904 39

Fachkliniken

(Auswahl der wichtigsten Kliniken)

BRD

Psychosomatische Fachklinik
Bad Dürkheim
Kurbrunnenstr. 12
67098 Bad Dürkheim
Tel. 06322/93 40

Rhein-Klinik für
psychosomatische Medizin
Fachklinik für innere
Medizin und Neurologie
Luisenstr. 3
53604 Bad Honnef
Tel. 02224/18 50

Kitzberg Klinik
Fachklinik für
psychosomatische Medizin
Erlenbachweg 24
97980 Bad Mergentheim
07931/5316-0

Klinik am Korso
Fachzentrum für
eßgestörtes Verhalten
Ostkorso 4
32545 Bad Oeynhausen
Tel. 05731/181-0

TCE-Therapieznetrum
für Eßstörungen
Max-Planck-Institut
für Psychiatrie München
Schleißheimer Str. 267
80809 München
Tel. 089/3562490

Klinik Roseneck
Am Roseneck 6
83209 Prien am Chiemsee
Tel. 08051/601-0

Psychosomatische Klinik
Windach/Ammersee
Fachklinik für Verhaltenstherapie
Schützenstr. 16
86949 Windach/Ammersee
Tel. 08193/72-0

Österreich

Institut für medizinische
Psychologie
Sonnenburgstr. 16
A-6020 Innsbruck
Tel. 0512/507 30 40

Allgemeines Krankenhaus
Psychosomatische Abteilung
Währinger Gürtel
A-1090 Wien
Tel. 01/40 400-0

Schweiz

Lindenhofspital
Psychosomatische Abteilung
Bremgartenstr. 117
CH-3012 Bern
Tel. 031/300 89 84

Klinik Schützen
Psychosomatik
und Rehabilitation
Bahnhofstr. 19
CH-4310 Rheinfelden
Tel. 061/831 33 51

Psychotherapiestation
der Psychiatrischen Poliklinik
am Universiätsspital Zürich
Culmannstr. 8
CH-8091 Zürich
Tel. 01/255 52 80

Selbsthilfegruppen und Kontaktstellen

(Auswahl)

BRD

Deutsche Arbeitsgemeinschaft
der Selbsthilfegruppen e.V.
Nationale Kontakt- und
Informationsstelle zur Anregung
und Unterstützung von
Selbsthilfegruppen
Alber-Achilles-Str. 65
10709 Berlin
Tel. 030/891 40 19

Deutsche Intergruppe der OA
(Overeaters Anonymus)
Postfach 10 62 06
28026 Bremen
(vermittelt auf schriftliche
Anfrage Adressen örtlicher
Selbsthilfegruppen)

KISS-Chemnitz
Rembrandtstr. 17
09111 Chemnitz
Tel. 0371/67 09 01

KISS-Dresden
Lingnerplatz 1
01069 Dresden
Tel. 0351/48 46-358/-359

KISS-Erfurt
Turniergasse 17
99084 Erfurt
Tel. 0361/655 17 15

KISS- Kontakt- und
Informationsstelle für Selbsthilfe
Herwarthstr. 12
50672 Köln
Tel. 0221/951 52 20

ANAD Selbsthilfe
Ungerer Str. 32
80802 München
Tel. 089/33 38 77 oder 36 75 04

KISS – Kontakt- und
Informationstelle für Selbsthilfe-
gruppen
Marienstr. 9
70178 Stuttgart
Tel. 0711/640 61 17

Österreich

OA (Overeater Anonymous
Wickenburggasse 15
A-1080 Wien
Tel. 01/82 14 44
(vermittelt auch Adressen
örtlicher Selbsthilfegruppen)

ANAD-Selbsthilfe
Aichholzgasse 52
A-1120 Wien
Tel. 01/87 29 31

»Kummerspeck«
Neilreichgasse 145
A-1100 Wien

Schweiz

Selbsthilfezentrum Hinterhuus
Feldbergstr. 55
CH-4057 Basel
Tel. 061/ 692 81 00

Team Selbsthilfe Bern
c/o Hilfsstelle Bern
Hopfenrain 10
CH-3007 Bern
Tel. 031/371 45 27

Vereinigung pro Selbsthilfegrup-
pen
Postfach 5213
CH-6000 Luzern 5
Tel. 041/51 60 09

Team Selbsthilfe St. Gallen
Frongartenstr. 16
CH-9000 St. Gallen
Tel. 071/22 75 54

Kontaktstelle für Selbsthilfe
Technikumstr. 14
CH-8400 Winterthur
Tel. 052/213 80 60

OA (Overeater Anonymous)
Postfach 680
CH-8021 Zürich
(vermittelt auch Adressen
örtlicher Selbsthilfegruppen)

Team Selbsthilfe Zürich
Dolderstr. 8
CH-8032 Zürich
Tel. 01/252 30 36

Weiterführende Literatur

Literatur zum Vorwort

Treasure J. u.a. (1994), First step in managing bulimia nervosa: controlled trial of therapeutic manual, in: *British Medical Journal,* 308, S. 686-689.
Treasure J, u.a. (1996), Sequential treatment for bulimia nervosa incorporating a self-care manual, in: *British Journal of Psychiatry,* 168, S. 94.

Weiterführende Literatur zu folgenden Themen:

Bulimie

Aliabadi, Christiane, Wolfgang Lehning, *Wenn Essen zur Sucht wird. Ursachen, Erscheinungsformen und Therapie von Eßstörungen,* München 1982.
Gerlinghoff, Monika, Herbert Backmund u.a., *Magersucht und Bulimie. Verstehen und bewältigen,* Weinheim 1993.
Gröne, Margret, *Wie lasse ich meine Bulimie verhungern? Ein systematischer Ansatz zur Beschreibung und Behandlung der Bulimie, 1995.*
Langsdorff, Maja, *Die heimliche Lust, unheimlich zu essen,* Frankfurt 1989.
Lawrence, Marilyn, *Satt aber hungrig. Frauen und Eßstörungen,* Reinbek 1995.
Leibl, Gislind, Carl Leibl, *Schneewitchens Apfel. Eßstörungen und was sich dagegen tun läßt,* Freiburg 1995.
Orbach, Susi, *Anti-Diätbuch. Über die Psychologie der Dickleibigkeit, die Ursachen von Eßsucht,* München 1984.
– *Anti-Diätbuch II. Eine praktische Anleitung zur Überwindung der Eßsucht,* München 1984.
Roth, Geneen, *Essen als Ersatz. Wie man den Teufelskreis durchbricht,* Reinbek 1989.
Wise, Karin, *Wenn Essen zum Zwang wird. Wege aus der Bulimie,* Mannheim 1992.

Diäten und Hunger

Hamsun, Knut, *Hunger*, München 1991.
Orbach, Susi, *Anti-Diätbuch. Über die Psychologie der Dickleibigkeit, die Ursachen von Eßsucht*, München 1984.
Powter, Susan, *Ohne Diät geht´s auch!*, München 1995.
Solschenizyn, Alexander, *Ein Tag im Leben des Iwan Denissowitsch*, Berlin 1990.
Vonnegut, Kurt, *Schlachthof 5 oder der Kinderkreuzzug*, Reinbek 1972.
Wolf, Naomi, *Der Mythos der Schönheit*, Reinbek 1993.

Entspannung und Meditation

Dürckheim, Karlfried Graf, *Meditieren – wozu und wie? Die Wende zum Initiatischen*, Freiburg 1995.
Hay, Louise, John C. Taylor, *Die innere Ruhe finden. Meditation als Weg*, 1996.
Lindemann, Hannes, *Überleben im Streß. Autogenes Training*, München 1988.
Mensen, Herbert, *Das autogene Training. Entspannung, Gesundheit, Streßbewältigung*, München 1995.
Schwaebisch, Lutz, Martin Siemens, *Selbsterfahrung durch Meditation. Eine praktische Anleitung*, Reinbek 1987.
Spiegel, Clemens, *Auf dem Weg zu sich selbst. Das Erlebnis der Meditation*, München 1988.

Den eigenen Körper lieben lernen

Alexander, Gerda, *Eutonie. Ein Weg der körperlichen Selbsterfahrung*, München 1992.
Feldenkrais, Moshé, *Bewußtheit durch Bewegung. Der aufrechte Gang*, Frankfurt 1995.
Grauer, Angelika, Peter F. Schlottke, *Muß der Speck weg? Der Kampf ums Idealgewicht im Wandel der Schönheitsideale*, München 1987.
Orban, Peter, Ingrid Zinnel, *Der Tanz der Schatten. Eine Reise durch dein Leben*, München 1993.
Wagner, Ursula, *Blicke auf den dicken Körper*, Frankfurt 1989.

Sexueller Mißbrauch

Bass, Ellen, Laura Thornton, *Trotz allem. Wege zur Selbstheilung für sexuell mißbrauchte Frauen*, Berlin 1992.
Garbe, Elke, *Martha. Psychotherapie eines Mädchens nach sexuellem Mißbrauch*, Münster 1993.

Kazis, Cornelia (Hg.), *Dem Schweigen ein Ende. Sexueller Mißbrauch von Kindern in der Familie*, Basel 1994.
Kritsberg, Wayne, *Die unsichtbare Wunde*, Zürich 1995.
Lapessen, Katharina, *Was ist mit Anna?* München 1991.
Neumann, Rebekka, *Der unterdrückte Schrei. Sexueller Mißbrauch: Mein langer Weg zur Heilung*, Gießen 1996.
Rush, Florence, *Das bestgehütetste Geheimnis: Sexueller Kindesmißbrauch*, Berlin 1991.
Walker, Alice, *Die Farbe Lila*, Reinbek 1995.
Wirtz, Ursula, *Seelenmord. Inzest und Therapie*, Zürich 1996.

Liebe und Sexualität

Barbach, Lonnie, *For Yourself. Die Erfüllung weiblicher Sexualität*, Frankfurt/M.; Berlin 1995.
Kuntz-Brunner, Ruth, Inge Nordhoff, *Heute bitte nicht. Keine Lust auf Sex – ein alltägliches Gefühl*, Reinbek 1992.
Minirth, Frank u.a., *Liebes-Hunger. Heilung von Eßsucht*, München 1996.
Ohlo, Eva, *Weibliche Sexualität. Sag doch einfach, wie du es willst?*, 1995.
Person, Ethel S., *Lust auf Liebe. Die Wiederentdeckung eines romantischen Gefühls*.
Senger, Gerti, *Was heißt denn schon frigid! Intimtatsachen, die auch jeder Mann kennen sollte*, Kreuzlingen 1993.

Die eigene Stimme finden

Bloom, Lynn, Karen Coburn, Joan Pearlman, *Die selbstsichere Frau. Anleitung zur Selbstbehauptung*, Reinbek 1979.
Dahl, Roald, *Reimtopf*, Reinbek 1990.
Fetscher, Irving, *Wer hat Dornröschen wachgeküßt? Das Märchen – Verwirrbuch*, Frankfurt 1995.
Krystal, Phyllis, *Die inneren Fesseln sprengen. Befreiung von falschen Sicherheiten*, München 1994.
Merkle, Rolf, *Laß Dir nicht alles gefallen. Wie Sie Ihr Selbstbewußtsein stärken und sich privat und beruflich besser durchsetzen können*, Mannheim 1996.
Wolf, Doris, Rolf Merkle, *Gefühle verstehen, Probleme bewältigen*, Mannheim 1996.

Register

Abführmittel
   (s. Mißbrauch)
   Tabelle 42
Alkohol
   Probleme (s. Mißbrauch)
   unschädliche Menge 172-175
Angst bewältigen 86
Arbeitslosigkeit 195-197
Arbeitssucht 202-204
Askese 153 f.
AVK-Methode 37, 136, 156

Bewältigungsstrategien 78
Bulimie
   Bilanzbogen 21 f.
   Fragebogen 17-19

Co-Therapeutin 32 f., 78, 138

Denken, selbstzerstörerisch 156 f.
Denkfallen 38, 144, 146, 156, 194
Denkmuster 144
Depression 10, 112, 129, 130, 146, 179
Diäten
   allgemein 50, 54 f., 79, 103, 108 f.
   gesundheitliche Risiken 56 f.
Diätplan 64 f.
Drogen
   allgemein (s. Mißbrauch)
   Ecstasy 171 f.

Elternbeziehung 182-184
Entspannungsübungen 95-103
Entwässerungstabletten
   (s. Mißbrauch)
Erbrechen
   allgemein 9, 41 f., 79 f., 82-85, 169
   aufhören 84-87
Ernährungstagebuch 35-42, 72, 74, 109
Eßattacke
   allgemein 37, 41 f., 60, 67-75, 79 f., 82-85, 108, 124, 126, 169, 177
   vermeiden 70-77
Essenskontrolle 59, 63
Eßgewohnheiten, feste 60, 63, 110
Eßverhalten
   chaotisches 15, 60
   gewohntes 23, 29
   normales 14, 58

Familie
   allgemein 182-184
   Mythen der 142
Freunde 185-188
Frühwarnsignale 78

Geldausgeben, zwanghaftes 179-181
Genesungsprozeß 15, 29, 207 f.
Gesundheitsprobleme 54, 56 f., 79-82, 107, 163

Gewalt
  physische 132 f.
  psychische 132 f.
Gewicht, gesundes 51, 53
Gewichtsabnahme, dauerhafte 79 f.
Gewichtsbandbreite 51
Gewichtskontrollmethoden 82-84
Gewichtstabelle 109
Gewichtsveränderungen 53

Häßliches-Entlein-Haltung 113, 144-146
Handlungsmuster, neue 43 f.

Idealfigur 50, 108

Jo-jo-Effekt 108

Kaufrausch 154
Kinder 193 f.
Kindheitserfahrungen 129 – 131
Körper, Einstellung zum 103 – 105
Körperkontrolle 53, 74, 79
  zuviel an 151-153
Körper kennenlernen 93 f.
Körperübungen 117-123
Kontrolle
  Diktatur der 151 f.
  Verlust der 11, 68 f., 71, 104

Ladendiebstahl 177-180
Lebensweise ändern 114-117
Lösungsstrategien 44 f., 47, 50, 199, 201, 206

Magersucht 9, 11, 41
Mahlzeiten beenden 66
Meditation 102 f.
Mißachtung der Bedürfnisse 130
Mißbrauch von
  Abführmittel 9, 37, 42, 79 f., 82-84, 88, 90

Alkohol 11, 21, 129, 169-176
Drogen 21, 169-172
Entwässerungstabletten 79 f., 82-84, 88, 90

Pessimismus 146 f.
Perfektionismus
  allgemein 154-156, 159
  Auswege 159
Phantasiereisen 100 f.
Problemlösungsstrategie 43-49

Rückschläge
  allgemein 14, 75, 77, 124, 126, 158
  daraus lernen 125
  planen 124
Rückzug 111 f.

Schönheitsideal 50 f.
Schuldgefühle 13, 61, 133, 139, 146-148, 157, 169
Schwellungen 88, 90
Selbstachtung 15, 146, 188
Selbstbehauptung 163-165
Selbstbilder, negative 145, 195
Selbstsucht 153
Selbstvertrauen 166
Selbstwertgefühl 160
Sexualität
  Angst vor 189
  Mißbrauch 11, 129, 132-135, 140-143
  Promiskuität 190 f.
Sport 114-123
Süßstoff 172

Teufelskreis der Bulimie 23, 60, 80 f.

Überanpassungsfalle 148 f., 151
Übergewicht
  allgemein 11, 106-108, 113
  Veranlagung zu 54

Unterstützung 29-33
Unzufriedenheit 92

Verhalten, selbstbewußtes 163-165
Verhaltenskette 37
Verhaltensmuster 43, 74, 156, 169, 188

Verletzungen 141 f., 145
Verstopfung 55, 89 f.
Verzicht auf Suchtmittel 175-177

Wiegen, tägliches 53 f.

Zuckersucht 70 f.

Aus unserem Programm

Joan Jacobs Brumberg
Todeshunger
Die Geschichte der Anorexia Nervosa
vom Mittelalter bis heute
Aus dem Englischen von Karin Dufner und Katharina Förs

1994. 284 Seiten
ISBN 3-593-35050-5

Mit diesem Buch leistet die Autorin einen wesentlichen Beitrag zum Verständnis der Krankheit Anorexia, indem sie deren historische Dimension aufzeigt. Sie verfolgt das Phänomen der Essensverweigerung anhand zahlreicher Beispiele – von den fastenden Nonnen des Mittelalters bis hin zu den magersüchtigen Mädchen, die in der bürgerlichen Familie des ausgehenden 19. Jahrhunderts aufwuchsen, und weiter zu den Medienstars der heutigen Zeit

Joan Jacobs Brumberg gibt einen spannenden Einblick in die medizinischen und psychologischen Erklärungsmodelle und die Behandlungsmethoden, die in den vergangenen hundert Jahren gefunden und angewandt wurden. Indem die Autorin die lange Tradition weiblicher Nahrungsverweigerung sichtbar macht, wird deutlich, wie bestimmte soziale und kulturelle Systeme Frauen zu verschiedenen Zeiten dazu veranlassen, ihren Appetit zu kontrollieren. Brumberg zeigt die vielen Faktoren auf, die hierbei eine Rolle spielen, und liefert eine faszinierende Analyse, warum diese Krankheit, die häufiger als gemeinhin angenommen tödlich verläuft, sich gerade heute epidemisch ausbreitet.

»Eine ausgezeichnete Arbeit, brillant geschrieben, gründlich recherchiert – sehr empfehlenswert.« *Library Journal*

Campus Verlag · Frankfurt/New York

Aus unserem Programm

Kenneth Hambly
Am liebsten ginge ich nicht mehr aus dem Haus
Agoraphobie und Panikattacken überwinden
Aus dem Englischen von Marion Möhle

1996. 140 Seiten
ISBN 3-593-35463-2

Agoraphobie ist die Angst vor öffentlichen Räumen und den Blicken anderer Menschen. Zuerst meiden Menschen, die unter Agoraphobie leiden, Flüge und Bahnfahrten. Dann verzichten sie auf Kino- und Opernbesuche. Schließlich fällt auch der Besuch von Kneipen oder Restaurants schwer, und im schlimmsten Falle verlassen sie nicht mehr das Haus, um zur Arbeit oder einkaufen zu gehen.

Die Fahrt in der Straßenbahn, die Besprechung im Unternehmen, das Anstehen im Supermarkt können Panikattacken auslösen, die mit Symptomen wie Herzrasen, Angstschweiß, Atemnot oder Übelkeit einhergehen und sich bis zur Todesangst steigern können.

Im Gegensatz zu den USA beginnt man in Europa erst jetzt, diese Form der Sozialangst, bzw. nervlichen Überreizung zu benennen und den Menschen, die darunter leiden, gezielt Hilfe anzubieten. Kenneth Hambly ist hier ein Vorreiter.

Sein Buch hilft Betroffenen, ihrer Krankheit einen Namen zu geben, die physischen Vorgänge bei einer Panikattacke zu begreifen und sich durch verhaltenstherapeutische Maßnahmen Schritt für Schritt aus der negativen Spirale der Angst zu befreien.

Campus Verlag · Frankfurt/New York